SANACIÓN

Proceso de autoconocimiento
Por:

"Basado en una historia real"

Primera edición Chicago Illinois
Derechos reservados **Copyright** © 2019

WWW.HECTORHERRERA.COM

Esta es mi promesa.

Al terminar este libro Sanación y las terapias del audio libro estoy seguro, te conocerás y te sentirás mucho mejor, para eso fue creado, recibe con la mente y el corazón abierto este conocimiento que te ofrezco y prepárate para captar los principios que te ayudaran a tu mejoramiento personal.

¡Aprovéchalo al máximo! Vas a lograr una verdadera comprensión de ti mismo, tendrás una paz creciente en tu corazón y empezarás a disfrutar desde otras perspectivas el tesoro más grande de este mundo, tu vida.

HECTORHERRERA

Contenido:

El ser humano

Prologo por el Dr. Salvador Sánchez Rojas

El hombre, homo sapiens, es sin duda la máxima creación del universo. Somos una maravilla de ingeniería, y además dotados de amor, justicia, sabiduría y poder, atributos de nuestro Factor X capacitados para hacer de esta vida una experiencia maravillosa. Por naturaleza el ser humano está capacitado para pensar, ser sociable, saber aceptarse, amarse, cuidarse, cultivarse y consecuentemente mejorar la especie para un mundo mejor.

El hombre ha sabido usar su inteligencia para mejorar sustancialmente la vida en nuestro planeta; los adelantos científicos, tecnológicos, el trasporte venciendo la gravedad, el acelerado desarrollo de las telecomunicaciones, la ciencia, la medicina para prolongar la vida de las personas y tantas proezas humanas, son el resultado de una creatividad sin límites. Pero si somos poseedores de esa inmensa capacidad, ¿por qué nos comportamos de manera hostil y equivocada, afectando las relaciones entre nosotros mismos, mostrando crueldad a los animales, las cosas y siendo cada día severos depredadores del medio ambiente? La respuesta tiene que ver con nuestros estados de conciencia al estar inmersos en el nivel mundano donde el subconsciente, la mente no analítica, mente reactiva de acuerdo a nuestras programaciones infantiles manifiestas en actitudes de adulto, amén de emociones básicas auto destructivas como odio, ira, resentimiento y miedo. Nos hemos apartado de la esencia divina, de nuestro observador espiritual que se encuentra dentro de nosotros, y encaminados en una ilusoria "búsqueda" de alguien que nos facilite "el decreto inútil" y nos diga cómo hacer las cosas "esperando" que allá en el lejano Tíbet se encienda una vela a nuestro favor sin hacer nada por nuestra cuenta. Nos hemos apartado de la verdad y seguimos buscando afuera de nosotros, exteriorizando la esencia pura que se nos dio para hacer de esta vida una experiencia inolvidable. ¿Qué nos ha pasado, cuando tenemos la capacidad de experimentar la esencia de la vida en toda su plenitud? La verdad se encuentra en nosotros mismos, en cada una de nuestras células, en nuestro sentir, en lo más profundo de nuestro corazón. Todavía es tiempo de realizarnos como personas, encontrar esa paz interior, experimentar y gozar la vida con amor y entendimiento. Podemos disfrutar de este hermoso planeta, nuestra casa que nuestro Ser Superior dispuso para nuestro placer y deleite equilibrado y respetuoso. Ese es sin duda, el mejor legado para nuestras futuras generaciones.

Poner en orden nuestra casa interior es vital si deseamos ser integrados en todas nuestras dimensiones, pero eso ocurre cuando se desea cambiar conductas de nuestro comportamiento, y asumir un proyecto de vida basado en el amor y el entendimiento propio y hacia los demás. La auto valorización y el crecimiento espiritual, nos permitirá hacer un alto en nuestro camino a fin de reorientar la brújula de nuestra vida, darle sentido y encausarnos a una vida con oportunidades ilimitadas de abundancia y libertad.

Estas son las técnicas de un hombre que logró sobreponerse ante las adversidades de la vida, sobreviviente de tres intentos de suicidio y haber sanado de una parálisis de su cuerpo que duró casi cinco años de su vida, encontró en lo más profundo del dolor dos caminos: morir por sus propias manos y terminar con el dolor y sufrimiento que lo tenían muerto en vida; o enfrentar sus miedos sanar su pasado y transformarse en uno de los conferencistas de mayor impacto en la vida de quien lo escucha.

Residente de Chicago y originario de Uruapan, Michoacán, México, es un inmigrante que salió de su natal ciudad en busca del famoso "sueño americano", y en ese camino encontró la peor pesadilla que lo empujó hacia la disyuntiva: crecer o morir. En esa desesperada lucha por la adaptación de su nueva vida encontró las herramientas de superación personal que ahora comparte en varios escenarios de diversos países como conferencista trayendo un poderoso mensaje de sanidad emocional y física. Su éxito se ha basado en un proceso de autoconocimiento y autovaloración dinámica, con técnicas poderosas para llegar al perdón y reintegrarte como ser humano. Héctor Herrera quedo paralitico a los 18 años, quien pensaría que en ese trayecto de llegar a Estados Unidos indocumentado en 1992, días antes sufrió un accidente que lo llevo a una parálisis de su cuerpo, inmóvil de la cintura hacia abajo y con 4 deportaciones, totalmente devastado. Un día al tratar de quitarse la vida por tercera vez, un amigo le recomendó que buscara ayuda. Así nos encontramos, así lo conocí, en la más profunda depresión; en el peor momento de su vida, fui su Doctor de cabecera y le mostré esta filosofía, este libro trae consigo esas semillas de cambio, esta información tiene el poder de transformar vidas y la percepción sobre los problemas que de alguna u otra forma te sientes víctima y aún cuando quedan experiencias inconclusas o incomprendidas, este es un análisis que desde varios ángulos presenta los acontecimientos, como enfrentarlos y como llegar al perdón genuino trayendo calma y serenidad a nuestras vidas. Bienvenido a este maravilloso y trascendente viaje.
En la luz, todo se vive en perfección.   -Dr. Salvador Sánchez rojas.

El águila y su renovación
Reflexión

El Águila es el ave que posee la mayor longevidad de su especie, llega a vivir setenta años, pero para llegar a esa edad, a los cuarenta años de vida tiene que tomar una seria decisión.

A los cuarenta años, sus uñas curvas y flexibles, no consiguen agarrar a sus presas de las que se alimenta, su pico alargado y puntiagudo, también se curva, apuntando contra el pecho están sus alas, envejecidas y pesadas por las gruesas plumas. Volar es ahora muy difícil, entonces el águila, tiene sólo dos alternativas, morir o enfrentar un doloroso proceso de renovación que durará 150 días.

Ese proceso consiste en volar hacia lo alto de una montaña y refugiarse en un nido próximo a una pared, donde no pueda volar. Entonces apenas encuentra ese lugar el águila comienza a golpear con su pico la pared, hasta conseguir arrancárselo. Apenas lo desprende, debe esperar a que nazca un nuevo pico con el cual después, va a arrancar sus viejas uñas. Cuando las nuevas uñas comienzan a nacer, prosigue arrancando sus viejas plumas, para después de cinco meses, sale victorioso y emprende su famoso vuelo de renovación y revivir y entonces dispone de 30 años más de vida.

¿Por qué renovarnos?

En nuestra vida, muchas veces tenemos que resguardarnos por algún tiempo y comenzar un proceso de renovación para reanudar un vuelo victorioso, debemos desprendernos de ataduras, apegos, costumbres y de todo aquello que nos reprima o nos mantenga postergados.

Solamente libres del peso del pasado podremos encontrar una renovación que nos permita vivir plenamente.

"Tu renovación esta a punto de comenzar"

A veces, la cosa más dolorosa que tendrás que dejar ir, es la antigua versión de ti. Vaciemos la mente de viejos patrones y dejemos que nuestra verdadera esencia rompa las rejas.

Afirma: "Me perdono por hacerme pedazos para completar a otros"

Sanación
Proceso de autoconocimiento

Hola te saluda Héctor Herrera, lo que estás apunto de leer y escuchar son conceptos sobre procesos de pensamientos positivos que provocaran un impacto en tu salud mental, espiritual, social, física y económica y el efecto en lo emocional, lo he titulado "Sanación".

En estos tiempos de cambio, el ser humano se ha visto en la necesidad de detener su rumbo y dirigir su atención hacia sí mismo, con el objetivo de conocerse, entenderse, valorarse, perdonarse y cambiar la percepción de sus emociones, entender las experiencias negativas del pasado e iniciar su proceso de Sanación desde su interior. A partir de lo anterior, el ser humano descubre nuevos valores personales que nunca había vivido, lo que permitirá dejar de culpar y etiquetar a los demás de "malo", "sucio", "feo" etc., dando paso a una mejor salud mental y física, además de relaciones sanas, mayor productividad, ideas positivas y metas claramente definidas. El YO abre la llave de la abundancia, permitiendo que los bienes materiales lleguen a su vida de manera equilibrada, por consiguiente, el ser humano logra una auto valorización armoniosa, se sabe valorar y reconoce que es un único real e irrepetible, controla sus emociones y su habilidad para tomar decisiones basadas en las cinco dimensiones antes descritas.

Sanación es un método sencillo y efectivo para tratar y prevenir enfermedades físicas y emocionales que costarían una fortuna en atender por especialistas. Dicho de otra manera, "estamos enfermos de nuestras propias emociones tales como odio, ira, resentimiento y miedo".

Sanación es un proceso de superación personal, no es solo para personas con problemas de salud física o emocional, es un ejercicio gratificante de auto conocimiento interior, combinado con ejercicios de relajación y visualización, enriqueciendo y dinamizando tu vida en todas las áreas.

Este material no pretende de modo alguno, sustituir el tratamiento médico que usted este siguiendo, sino todo lo contrario, es posible que este método se lo haya recomendado su propio medico, ya que varios estudios demuestran que si usted esta en calma, sin ningún tipo de estrés, su cuerpo responderá mejor a los tratamientos que su médico le haya indicado, activando el proceso sanador interno que posee su cuerpo.

Actualmente varios profesionales de la salud mental como psicólogos clínicos y terapeutas, recomiendan ampliamente este sistema de Sanación ya que sus resultados son verdaderamente sorprendentes,
Sanación, es un proceso gratificante y consiste en analizar tus ideas de temprana edad que se convirtieron en creencias para después ser TU VERDAD, aunque erróneas pero finalmente TU VERDAD, porque de niños a la transición de adultos nos convertimos en lo que vimos, lo que nos dijeron y lo que creímos y todo ese cúmulo de creencias, muchas veces negativas las convertimos en LEY para nuestro pensar y actuar.

El proceso de Sanación consiste en encontrar programaciones mentales que perjudican nuestra vida, sensaciones de dolor emocional provocadas por heridas del pasado y que se vuelven complejos en el proceso de crecimiento, llegando a convertirse en limitaciones personales.

Algunas manifestaciones de estos daños emocionales aparecen con experimentar odio, ira, resentimiento y miedo. Las emociones negativas, son el resultado de una programación en tu mente subconsciente.
Al conocer la manera de programarnos, podemos usar este poder innato que el ser humano posee, dirigiéndolo a nuestro beneficio y reprogramarnos positivamente.

Muchas de esas ideas y programaciones aprendidas no necesariamente son buenas para nosotros, se puede salir de esa creencia equivocada cuando esas programaciones se reconocen y se cambian, pues la mente es un instrumento a nuestro favor si se usa correctamente. Sin embargo, si se usa de forma inapropiada se vuelve muy destructiva. La mente es como un campo fértil, se cosecha lo que se siembra, ya sea semilla buena o mala, la mente producirá exactamente lo que hayas sembrado, el ser humano es literalmente lo que piensa.

Analiza por un momento los pensamientos que predominan en tu mente, ¿Quieres que estos pensamientos se manifiesten en tu vida? ¿Te gustaría vivir y experimentar esos pensamientos? Lo que actualmente estás viviendo es precisamente un pensamiento que en tu pasado gobernó tu mente.

Entonces, una vez haciendo consiente que los pensamientos se manifiestan en tu vida, estaremos preparados para pensar solo lo bueno de la vida y lo bueno de la vida se hará presente en ti.
Solo necesitas dos cosas, disposición y vivir el proceso.

Personalmente respeto tus creencias religiosas y espero que tu Fe se fortalezca, hablaremos de un poder superior o de Dios, el Dios de tu compresión, el Dios que hay en tu corazón, y también del "Dios" equivocado que te hicieron creer que castiga y que gracias a Él te va mal, además hablaremos de Cristo, igualmente el Cristo que tu entiendas, el Cristo de tu corazón, yo lo traeré a escena como mi Maestro y Mentor y usare su ejemplo de sus enseñanzas de perdón que nos dejo, para impregnar en esta obra, la compasión que hay en ti.

Hablaremos de la patria, pero no la de tu país, hablaremos de una patria más íntima para ti, que es tu espacio vital que habitas, la patria de tu hogar, de tus bienes o el lugar donde te encuentres, que además incluye tus ideas, tus creencias y tu sentir.

La primera parte es la aventura del auto descubrimiento. Conocerás tus 5 dimensiones y tu inteligencia emocional, tendrás un autoanálisis detallado de tu persona, lo que llamamos una introspección y lograras conocer en que áreas de tu vida te encuentras con mayor desequilibrio y hacer una estrategia para obtener el balance.

Conocerás las leyes de supervivencia psicológica y harás consciente tu EGO, ese personaje que hace que te confundas, que evadas tu responsabilidad y no encuentres respuestas claras a tus problemas.

Entenderás y harás consciente la raíz de tus circunstancias por medio de las creencias o programaciones adquiridas desde tu infancia y que ahora crean problemas en tu vida adulta.

Harás consiente tus limitaciones impuestas y auto impuestas y al hacerlas consientes las podrás analizar, entender, comprender y perdonar y crearas nuevos hábitos de pensamientos para erradicarlas de tu vida, aunque todo dependerá de ti, yo solamente seré tu Mentor mediante este método de auto valorización dinámica.

La segunda parte consiste en comprender y perdonar la raíz del problema, con ejercicios de valorización, visualización, con fuertes dosis de auto sugestión y procesos de activación del sistema sanador interno que posee tu cuerpo. En esta parte encontraras técnicas poderosas de cómo activar por medio de los pensamientos y emociones tu sistema inmunológico, logrando que tu cuerpo se recupere de enfermedades y malestares físicos.

Durante los 25 años impartiendo este programa, he recibido miles de testimonios de personas que una vez cambiando la percepción de su malestar, encontraron el alivio a muchísimas enfermedades, algunas de ellas terminales ya que al creer en esto, tú mismo permites que sucedan milagros en ti.

Las enfermedades psicosomáticas son enfermedades invisibles, la relación de la mente sobre el cuerpo es bien clara, del mismo modo que las enfermedades físicas influyen en nuestro estado de ánimo y nos provocan temor, miedo o preocupación, estos problemas psicológicos provocan síntomas físicos, deterioro del organismo, enfermedades y muerte.

En esta segunda parte, en el audio libro habrá segmentos de meditación profunda, terapias de Sanación que necesitan un100% de tu atención, esta segunda parte nunca la escuches mientras manejes o cuando tengas que estar activo, ya que su contenido es fuertemente sedante, hipnótico y adormecedor cuyo objetivo es llevarte a un descanso placentero y a un estado de calma y serenidad absoluta, que estoy seguro experimentaras en un profundo sueño, esto permitirá trabajar tu mente subconsciente mientras duermes, nutriéndote de su contenido, dándote grandes beneficios y resultados sin aplicar ningún esfuerzo. Úsalo como ejercicio de meditación y visualización o para antes de dormir, estoy seguro que descansaras sin importar si hay dolor físico o emocional o en circunstancias de tensión y ansiedad.

La tercera parte es la versión subliminal y solo la encontraras en el audio libro, es solo música que te conectara con la versión hablada de la segunda parte, en ella hay mensaje que penetra el subconsciente, estos mensajes se colocan por debajo de las ondas sonoras. El mensaje de Sanación se encuentra oculto en las notas musicales activando tu sistema sanador interno, escúchalo en momentos de relajación, a la hora de tomar un baño, cuando estudias o cuando tengas que tomar decisiones importantes.

En el mundo actual generalmente se reciben por todos los medios mensajes de violencia, lo cual puede orillar el comportamiento hacia lo violento, las drogas, el sexo desequilibrado e incluso el suicidio. Los músicos terapeutas están conscientes de ello y lo utilizan para ayudar en el tratamiento y curación de enfermedades físicas y mentales.

Un estudio de la Universidad de Stanford demostró que la música es uno de los estímulos más poderosos que existen para evocar sensaciones en el cuerpo humano, debido a que los nervios auditivos son los que más predominan dentro de todos los sentidos, pudiendo generar diferentes estados de ánimo entre las personas.

El Ser humano desde tiempos antiguos ha buscado en los sonidos un medio para Sanar, ellos sabían que toda materia vibra a determinadas frecuencias produciendo una alteración, la ciencia ahora lo ha comprobado.

En el Oriente recitan mantras para Sanar, en el México antiguo los Chamanes cantan para transmutar energías estancadas, y los Budas tibetanos cambian su mundo con el poderoso "OM".
El sonido con ciertas secuencias sonoras escuchándolo regularmente puede sanar sus emociones, cambiar su actitud, perdonar y sanar su cuerpo.

En la actualidad, la tecnología avanzada ha permitido un gran adelanto para componer este tipo de música en cuanto a instrumentos y equipos especiales para ejecutar, grabar y mezclar música, esta tecnología esta aplicada en esta obra en la versión audio libro.

Las investigaciones indican que la música debe estar basada en frecuencias naturales de sintonía cósmica del universo, solo así ha de ser benéfica para la humanidad, un principio "orgánico".

El Instituto Schiller dice que para logar un efecto curativo con la música debe tener un cambio de tono de 440 hertzios sonoros a 432 hertzios sonoros de nuevo, ya que el 432 hertzios está profundamente entrelazado con la naturaleza, te recomiendo investiga mas sobre esto.

La ciencia ha comenzado a redescubrir los secretos de la resonancia y su impacto en nuestra salud. Como seres de conciencia, dependemos de la resonancia natural de atraer lo que deseamos para alcanzar el amor, la felicidad, el desarrollo personal, salud y abundancia, el uso de la afinación a 432 hertzios en vez de 440, influyen en tus átomos y el ADN provocando cambios positivos., en YouTube existen miles de videos de esta música. 432 hertzios música para sanar, así búscala.

Este método no tendría ninguna validez sino está acompañado de mi experiencia personal, la teoría sin ejecución o experiencia es solo teoría. Déjame contarte que hay una razón muy poderosa que me llena de energía para compartir contigo este material.

La historia del programa

A los 18 años de edad, tuve un accidente que altero el rumbo de mi vida, después de ser un atleta competitivo un día mi vida se lleno de dolor y fracaso, un accidente en el gimnasio, me dejo paralitico por varios años sin ninguna esperanza de volver a caminar.

Meses después del accidente, más de un doctor en Chicago Illinois me dijeron, "siento mucho lo que te voy a decir Héctor, te tengo malas noticias, hemos valorado tu situación y el daño que tuviste en tu columna vertebral consideramos será permanente, no volverás a caminar".

En lugar de que me hubieran dicho, Héctor sentimos mucho decirte que nuestra capacidad medica ha llegado a su limite, te aconsejamos busques otras alternativas para sanarte.

Si los especialistas de la salud supieran el impacto psicológico que recibe el paciente en esos momentos de debilidad emocional, lo pensarían dos veces antes de dar una mala noticia o mejor aun sensibilizarse con una persona que ha perdido toda esperanza, pero su EGO no les permite decir que su límite los ha desenmascarado como un fracaso ante la cura de ese mal, existe un mundo de diferencia entre NO TIENES CURA y NO TE PUEDO CURAR, pero el impacto en el paciente es muy diferente.

Esa noticia me hizo pedazos, aun recuerdo las noches interminables que pase llorando mi dolor físico y emocional y culpando a todo y a todos, me hundí en lo más profundo de la depresión y enfermedad.

Los daños sufridos en el accidente fueron muy serios, poco a poco mis piernas se marchitaron como una planta sin agua, los dolores de mi espalda me atormentaban todos los días pero más grande era el dolor emocional al saber que nunca más volvería a caminar.

Postrado en cama y con poco movimiento, mi futuro incierto empezó a manifestar problemas en todas las áreas de mi vida. Cuando me encontré en el fondo de mi enfermedad algo tenía que hacer para salir de mi precaria situación física, sobre todo una pregunta resonaba en mi mente ¿Qué podía hacer para amortiguar el daño psicológico que cada día empeoraba? Tuve varios ataques de locura y eso empeoro mi situación.

A consecuencia de los daños en la columna vertebral, mi espalda se volvió inestable, mis órganos internos dejaron de funcionar normalmente, cada vez los sedantes eran más fuertes y al ver que pasaban los meses y los años, poco a poco mi enfermedad fue doblegándome haciéndome sentir lástima por mí, la depresión constante comenzó a hundirme en lo más profundo de mi dolor y lo único que clamaba, era un descanso de mi agotado e inútil cuerpo, habían trascurrido 4 años de mi parálisis y para ese tiempo ya contaba con un record de 3 intentos de suicidio. Mi cuerpo no respondía a ningún tratamiento médico ni psicológico, y cuando más oscura veía mi vida, el destino me tenía algo preparado.

Fue entonces cuando mi madre me recomendó visitar al Dr. Salvador Sánchez, Quiropráctico de la línea ortodoxa del Dr. David Daniel Palmer. Su experiencia tratando personas con esta patología, detecto en mi otra enfermedad que no la cura ninguna medicina "LA DEPRESIÓN".

Al valorarme, su diagnostico fue que tenía un fuerte daño emocional el cual se encargaba de destruir inconscientemente cada área de mi vida a consecuencia de una marcada desvalorización personal, este daño emocional se conoce como "ENGRAMA PSICOLÓGICO DEGENERATIVO" esa manifestación, primero se da en la parte emocional creando una especie de "obsesión" a la enfermedad dando paso a un severo daño físico afectando todas y cada una de las 5 dimensiones de en las que el ser humano se relaciona o reacciona y se adapta ya sea positiva o negativamente.

"Debemos curar el problema desde la raíz". Dijo el Doctor Sánchez mirándome a los ojos.

Aquella mañana de septiembre de1993 me cito para asistir al curso que cambiaria mi vida, esta historia que compartiré contigo no es una inspiración divina, es el resultado de un trabajo personal que me costo muchas lagrimas y procesos de inculcar valores más grandes que los problemas a los que me enfrente algún día, mi mas grande agradecimiento al Doctor Salvador Sánchez que me ayudo en el momento que más lo necesité.

A partir de mi proceso, comprendí que cuando tienes una fuerte manifestación emocional, entras en un proceso de desvalorización, este se manifiesta con baja autoestima, sientes que no mereces disfrutar la vida, luego destruyes tus relaciones con tus seres queridos, tu cuerpo se accidenta o se enferma, te bloqueas para tener éxito en tu vida financiera, te conviertes en tu peor enemigo con pensamientos negativos llegando a tener presión y que más tarde se convierte en depresión ya sea crónica o degenerativa.

Todo eso es a consecuencia de las programaciones o creencias que se desarrollaron en la infancia, este sistema de Sanación nace de mi experiencia personal de cómo me recupere de una parálisis de casi cinco años, una profunda depresión después de un record de tres intentos de suicidio y en mi desesperada búsqueda por salir del infierno en que vivía, busque información y encontré la manera de simplificar todo el proceso de aprendizaje y las técnicas de "desbloquear" las programaciones infantiles y cambiar la percepción de los eventos y de esta forma llegar al perdón genuino y poder así liberar tu potencial.

Estas lecciones de vida tienen para mí una historia enriquecedora en todos los aspectos. Actualmente miles de personas han experimentado los beneficios de estos conceptos, ya que sin ser médico ni doctor, está obra está basada en mi experiencia personal, haciendo uso de herramientas valiosas sobre psicología aplicada, usando todo ese arsenal de información en una metodología que le ha devuelto la vida a miles de personas con problemas físico-emocionales.

Estos ejercicios de autoanálisis y visualización los practicaba una y otra vez en el proceso de recuperación de mi parálisis, después me di cuenta que funciona para todo tipo de enfermedades y problemas emocionales ya que por lo general el origen es siempre de la misma fuente, un fuerte daño emocional. En esta obra no trataremos los síntomas sino el origen de la enfermedad, nada de lo externo causa más enfermedad que el odio, la ira, el resentimiento, la culpa y el miedo. Es solo una idea que hay que cambiar la percepción para que tu cuerpo encuentre la comunicación y armonía en cada célula y esta producción te prepara para hacerlo.

Abre tu mente y mantén el corazón dispuesto a recibir las técnicas que te ayudara a ver la vida de una manera que nunca antes la habías visto o dado la oportunidad de ver. No pretendo que cambies tu forma de pensar y de actuar, únicamente te daré sugerencias las cuales tu analizarás y determinarás si es lo mejor para tu vida, así que te sugiero que esta información por el momento sea sólo para ti, te aconsejo que sea tu guía personal, tu diario, y es recomendable que hagas notas en un cuaderno y evaluaciones porque es un libro muy personal, es el libro de tu vida.

También hablaremos de la libertad de pensamiento, de aquella capacidad de elegir qué pensar, en qué creer y darnos cuenta que no somos libres de pensamiento, hablaremos de la influencia y manipulación de cómo muchos piensan por nosotros.

Este método surge a partir de mi experiencia personal y la formación que he obtenido a lo largo de 25 años de investigación y desarrollo en cientos de seminarios enfocados al manejo de la baja auto estima, depresión y como sanar heridas emocionales. Durante mi investigación clínica y personal, he llegado a la conclusión que la mayoría de las personas adultas hemos sido afectadas emocionalmente en la etapa de niño-adulto, desgraciadamente muy pocas personas han podido sanar dichas heridas, de hecho muchas personas ni siquiera saben de su daño emocional, reaccionando de manera negativa ante las circunstancias que ellos mismos crean.

A través de este material, deseo compartir contigo algo que cambio mi vida y le dio un giro de 180 grados. Esta producción es para darle un merecido tiempo a tu persona y entrar a un proceso de relajación, auto conocimiento, ejercicios de desintoxicación mental y visualización, para dejar ir o cerrar situaciones o ciclos que aún están inconclusos en tu vida.

En mi búsqueda descubrí las técnicas de como cambiar ideas negativas, creencias complejas a percepciones positivas y lo más importante, saber manejar tus emociones y sacar provecho de la situación, En esta producción conocerás la manera en que la emociones repercuten en tu salud de todas tus cinco dimensiones.

Especialistas en el campo científico aseguran que somos responsables 100 % de nuestras enfermedades, si este fuera el caso y tu aceptas este concepto como una verdad, entonces también somos responsables de nuestra Sanación total. En esta obra encontraras varios ejercicios para fortalecer tu inteligencia emocional y con ello, encontrar la anhelada paz interior, armonía mental, sentido espiritual, balance físico, económico y emocional.

Sanación se ha difundido en más de 18 países, en conferencias en vivo, por televisión, radio y a través de distintos medios mostrando los excelentes resultados en miles de personas con padecimientos físicos, psiquiátricos y psicológicos, pudiendo lograr con este método una valiosa alternativa para combatir la depresión, mejorar considerablemente la salud y evitar el suicidio.

Después de leer y escuchar regularmente esta información, notaras que ya no reaccionaras negativamente como lo hacías antes, incrementaras tu inteligencia emocional, tendrás más energía, mejor descanso y un bienestar en todas las áreas de tu vida.

Discusiones, problemas, circunstancias a resolver que provocan desequilibrios en tu vida, esos problemas en los que nos enfrentamos del diario vivir, nos llenan de energía negativa aunado a fuertes tensiones que tarde o temprano se manifiestan en estrés oxidativo afectando nuestros órganos.

Todos nosotros debemos soltar esas emociones negativas que más tarde o temprano, se convierten en toxinas que enferman y comprometen la salud de nuestro cuerpo, ¿cuantas veces te fuiste a la cama sin solucionar un problema que mas tarde se convirtió en una preocupación? Pues esa situación no te dejo descansar aunque hayas "dormido" 8 ó más horas. Existen millones de personas que al no saber manejar las emociones negativas, comprometen seriamente su salud, mas adelante estaré explicando este fenómeno natural que posee tu cuerpo.

Escuchando y leyendo esta producción regularmente podrás de manera gradual desarrollar una imagen personal, motivada y con carácter positivo para enfrentar los problemas cotidianos, puedes restablecer tu equilibrio emocional y fortalecer tus relaciones, te ayudara a cambiar la percepción de los problemas y podrás verlos desde muchas perspectivas encontrando más de una solución, eliminando el estrés y con ello una lista interminable de problemas físicos.

"Somos el producto de lo que pensamos" Los profesionales de la salud mental recomiendan que no tomes decisiones importantes si estas en estado depresivo o bajo emociones descontroladas como odio, ira, resentimiento y miedo, ya que en este estado psicológico el ser humano no está apto para tomar decisiones importantes como por ejemplo, casarse, divorciarse, invertir en algún negocio, mudarse de ciudad, etc.

Al aplicar estos conceptos en mi vida, me di cuenta que al hacer consiente cada situación y las leyes que me llevaron a lograr cada resultado, somos moldeadores de nuestro carácter y dueños de nuestro destino.

Conozco muchas personas que dicen "Yo soy así", pero en realidad así es la manera que ellos reaccionan por que no se han dado la oportunidad de trabajar en sus debilidades y pensar positivamente respecto alguna circunstancia negativa, con este tipo de IDEAS fuera de la realidad, nos convertimos en DECRETADORES de ideas negativas que en nada contribuyen en nuestro desarrollo personal. analízalo, ¿eres persona que DECRETAS a diario ideas o pensamientos positivos o negativos? Como "estoy Triste" "Ya no la hice" "No valgo como persona" "Estoy enfermo" "Nadie me quiere" "Me quiero morir", y tantas frases negativas que sin darnos cuenta se nos ha hecho el hábito, cuando vivimos nuestro drama, a veces ya sucede en reacciones y actitudes en automático.

Hoy te invito a dejar de ser un producto de los demás y el medio ambiente que te rodea, comenzando con el auto conocimiento, saber quién eres, por qué eres como eres, por qué reaccionas de tal o cual manera y cómo puedes mejorar entrenándote a fin de avanzar en todas las áreas de tu vida.

"Nadie puede convencer a nadie de cambiar, cada uno de nosotros cuida de esa puerta de cambio, que no puede ser abierta sino desde adentro, uno no puede forzar la puerta del otro ni con argumentos ni recurriendo a las emociones"   -Marilyn Ferguson.

¿Cuántas veces en la vida nos hemos tomado el tiempo para analizar lo que nos está pasando y comprender las raíces de nuestros problemas?

Mi misión es compartir esta información contigo, este método sencillo y efectivo para lograr liberar y perdonar todo lo que te hace reaccionar, negativamente, en un tiempo créeme, busque desesperadamente este conocimiento, para mi era de vida o muerte, ya que muchos de nosotros somos enfermos funcionales, que a diario vamos a trabajar, tenemos una familia que aparentamos que todo marcha bien en nuestras vidas, pero no, muy dentro de nosotros existe un fuego de Odio, Ira, Resentimiento o quizá algún Miedo que provoca estados de animo cambiantes, a eso le llamo enfermedad, a sentir envidia, celos, pensamientos negativos, que desencadenan o detonan baja auto estima y depresiones temporales o permanentes sin encontrar la solución al problema, a esto que le llamo enfermedad.

El anillo
Reflexión

El joven se acercó a su maestro y con aire de desánimo le preguntó:

¿Maestro, por qué me siento tan poca cosa que no tengo ánimo ni fuerzas para hacer nada? Todos me dicen que no sirvo, que no hago nada bien, que soy torpe y bastante tonto. ¿Cómo puedo mejorar? ¿Qué puedo hacer para que me valoren más?

El maestro, sin mirarlo, le dijo:
"Cuánto lo siento muchacho, no puedo ayudarte, primero debo resolver mi propio problema. Quizás después.

De pronto se detuvo y haciendo una pausa agregó: si quisieras ayudarme tú a mí, podría resolver mi problema con más rapidez y después tal vez pueda ayudarte".

"Encantado maestro, titubeó el joven", pero sintió que otra vez se le tenía en poco y que sus necesidades volvían a ser desatendidas.

"Bien", dijo el maestro.

Se quitó un anillo que llevaba en el dedo pequeño y se lo entregó al muchacho diciéndole: "Toma el caballo que está allá afuera, cabalga hasta el mercado y vende este anillo. Necesito hacerlo para pagar una deuda. Es necesario que obtengas por él la mayor suma posible, pero no aceptes menos de una moneda de oro. Ve y regresa con esa moneda lo más rápido que puedas".

El joven tomó el anillo y partió.

Apenas llegó al mercado, empezó a ofrecer el anillo a los mercaderes. Estos lo miraban con algún interés, hasta que el joven decía lo que pretendía por el anillo.

Cuando el joven mencionaba la moneda de oro, algunos reían, otros le daban vuelta y sólo un viejito fue tan amable como para tomarse la molestia de explicarle que una moneda de oro era muy valiosa para entregarla a cambio de un anillo.

Con el deseo de ayudar, alguien le ofreció una moneda de plata y otra de cobre, pero el joven tenía instrucciones de no aceptar menos de una moneda de oro y rechazó la oferta. Después de ofrecer su joya a toda persona que se cruzaba en el mercado, montó en su caballo y regresó abatido por su fracaso.

¡Cuánto hubiera deseado el joven poder obtener una moneda de oro! Podría entonces habérsela entregado él mismo al maestro para liberarlo de su preocupación y recibir entonces su consejo y ayuda. Pero había sido imposible.

Al entrar en la casa, el Maestro le estaba esperando y el joven le explicó lo ocurrido: Lo siento Maestro, le dijo, no pude conseguir lo que me pediste. Quizás hubiera conseguido dos o tres monedas de plata, pero no he sido capaz de engañar a nadie sobre el verdadero valor del anillo.

"Qué importante lo que dijiste, joven amigo, -contestó sonriente el maestro-. Lo primero que debemos saber es el verdadero valor del anillo, ve a ver al joyero. ¿Quién mejor que él para saberlo? Dile que quieres vender el anillo y pregúntale cuánto te daría por él. Pero no importa lo que ofrezca, no se lo vendas y tráeme de nuevo mi anillo".

El joven llevó el anillo al joyero. Éste lo examinó con su lupa, lo pesó y luego le dijo: "Muchacho, dile al maestro, que si lo quiere vender ya, no puedo darle más que 58 monedas de oro por su anillo". ¡58 monedas! exclamó el joven.

"Sí, replicó el joyero, sé perfectamente que con el tiempo podríamos obtener por el cerca de 70 monedas, pero... si la venta es urgente"

El joven corrió emocionado a la casa del maestro a contarle lo sucedido.
"Siéntate, -le dijo el maestro después de escucharlo- Tú eres como este anillo, una joya, valiosa y única. Pero andas por diversos mercados de la vida, pretendiendo que personas inexpertas te valoren. Y diciendo esto, volvió a ponerse el anillo en el dedo pequeño. -Autor desconocido.

Esta reflexión te ilustra como el auto valor nace en ti, quitando la falsa percepción de que el valor de nuestra persona depende de los demás, y no el valor que te otorgan personas dañadas o injustas, que no representan tu verdadero valor como persona.

El valor de la auto estima

Al armonizar nuestra mente, cuerpo y espíritu, todo nuestro ser se convierte en UNITIVO, es decir que la persona ya no reacciona ni está bajo ninguna manifestación emocional negativa, solo OBSERVA.

La integración de tu persona comienza con la aceptación y la aceptación se logra a través del auto conocimiento el cual te dará libertad de pensamiento, respetando y comprendiendo a tus semejantes.

¿Qué clase de libertad de pensamiento tenemos cuando dejamos que otras personas influyan negativamente en nuestras vidas? la baja auto estima se manifiesta en nuestra vida cuando permitimos que otros tengan poder o influencia en nuestras emociones.

Los complejos, los fracasos, las derrotas o simplemente cuando algo no sale bien limitan nuestra creatividad y nos conducen a sentirnos mal con nosotros mismos, y eso es solo el comienzo. Si crees que has fallado en algo, eso te atormentará por el resto de tu vida si no te liberas de ello cuanto antes.

Aprendí este concepto de mi Mentora Louise Hay sobre la auto estima.

Una excelente autoestima es la conciencia de sí mismo, saber quién eres, tener la habilidad de definirse y aceptarse con límites y capacidades. Sentirse esencialmente cómodo con uno mismo. Valorarse positivamente y quererse sin condiciones. Esto es auto estima sana.
-Louise Hay

El valor que nos damos a nosotros mismos, la apreciación de tu persona, el amarte y aceptarte sin ningún tipo de dolor hacia tu persona.

Sin duda alguna el placer y el dolor nos enseñan y programan con facilidad ante las situaciones, los problemas y los golpes de la vida los percibimos como castigos, como cuando nos castigaban nuestros padres o tutores, nos enseñaron que mas vale un buen golpe a tiempo para enderezar a los niños mal portados y educarlos, para muchos esa generación de golpes continua, no se ha terminado ni se terminara hasta que el ser humano despierte y acepte que solo son programaciones heredadas que abren puertas y ciclos de odio y tendencias de abusos que dejan huellas en los demás provocando separación, desintegración personal y baja auto estima, que desencadena en depresión y suicidio.

Todos en algún momento de nuestra vida nos hemos sentido desvalorizados afectando cada una de nuestras dimensiones. Aquí es donde están los juicios, las "etiquetas" de lo que nuestro Ego dicta según lo que nos merecemos.

Vivimos con una fractura de valores debido a que somos una generación que tenemos miedo de nuestros padres por los castigos físicos y emocionales recibidos y al mismo tiempo les tenemos miedo a los hijos por la falta de capacidad de educarlos con amor y permitimos que nos falten al respeto.

Sin duda alguna el AMOR es el sentimiento más noble y hermoso que existe, cuando educamos con amor, existen más posibilidades de respuesta positiva, ya que muchos de nosotros escuchamos historias tristes de personas que atribuyen el ser infelices por que alguien abuso de ellos de alguna forma.

"Educar con amor y respeto forma personas felices, llena de valores y buenos recuerdos, evitando así tener que lidiar con heridas emocionales del pasado". Antes de eso, busque por todos lados, ¿como descifrar esto que siento?, entender y explicar cómo se originan las heridas emocionales así como cuales son las técnicas para identificarlas y sanar dichas heridas.

Si sufres de algunos de estos males o emociones negativas como odio, Ira, resentimiento y miedo, estas emociones negativas que yo las considero los cuatro jinetes de tu apocalipsis personal, son devastadores, ya que las heridas emocionales de personas que te hicieron daño en el pasado, tienden a deteriorar la percepción positiva que tienes de ti mismo, es decir, la falta de aprecio de los demás en tu infancia y en cualquier edad, traen como consecuencia una falta de amor propio, si nos criamos con padres abusivos, gritones, mandones, golpeadores, sarcásticos, bromistas pesados, sin valores, llenos de envidia, chisme, hermanos groseros o que abusaron de alguna manera o forma de ti y ahora sientes odio por esas personas, o de adulto se esta repitiendo la historia con tu pareja y tus hijos, y deseas descansar de esa agonía, te tengo buenas noticias, con este método estoy seguro que juntos lo superaremos.

¿Por qué hago esto?, porque hubo muchos momentos en mi vida que hubiera deseado tener en mis manos algo tan valioso como esta guía y me enseñara paso a paso a descifrar el origen de mis problemas y como cambiar la percepción de ellos, cerrar el ciclo y enderezar mi camino hacia un nuevo sendero lleno de esperanza.

La psicología clínica nos dice que tener baja autoestima es mucho peor de lo que algunos piensan, porque además de ser muy insegura la persona, es sensible, todo le afecta el doble, siente que es insuficiente y reemplazable, se compara con los demás y si le dicen algo bueno siente que le están engañando, es decir, ruega por atención pero la rechaza cuando se cruza en su camino, pero aún así le gusta como es, porque no tiene ningún interés en cambiar.

"Lo que logramos y lo que no logramos en la vida, no depende de la persona que somos, sino de la persona que creemos ser"

El cambio comienza por uno mismo, analicemos como funciona la mente y las maravillas que crea con el poder del pensamiento, pero antes analicemos la formación del individuo, y como reaccionaria de acuerdo a sus valores humanos y auto estima, hagamos el Test.

Test de auto valor
Responda si o no

- Tengo problemas con mi auto estima	si____	no ____
- Mi estado de animo es cambiante	si____	no ____
- Me cuesta trabajo reconocer mis errores	si____	no ____
- Me cuesta trabajo tomar decisiones	si____	no ____
- Me comparo con los demás	si____	no ____
- Pienso que mi vida no tiene sentido	si____	no ____
- Vivo en constante estrés	si____	no ____
- Tengo muy poca energía	si____	no ____
- Me enfermo con facilidad	si____	no ____
- Padezco de insomnio	si____	no ____
- Duermo pero no logro descansar	si____	no ____
- Me molesto con facilidad	si____	no ____

1   2   3   4   5   6   7   8   9   10
Negativo   Positivo
CIRCULA Y EVALÚA EN QUE NIVEL TE SIENTES EN AUTO ESTIMA

Si usted a respondido que 'SI" en una o mas de estas preguntas usted necesita terminar hasta el final esta información.

Te contare mi experiencia. Aquel primer día despúes de tomar este Test me di cuenta que estaba fatal en todas las respuestas conteste SI.

A partir de ese momento, me di cuenta que la baja auto estima lleva a la depresión, y que puede aparecer en tu vida a cualquier edad. Existen niños deprimidos, adolecentes, adultos y personas de la tercera edad, el grupo más vulnerable es de 16 a 29 años de edad, yo tenia 23 en ese momento.

En muchos de mis seminarios me he encontrado con gente que hasta ese momento se dieron cuenta que se encuentran en una depresión severa, desconocían los síntomas, no los podían describir.

En mi caso, el programa inició un viernes que todavía recuerdo el miedo a lo desconocido y sobre todo al enfrentarme con mi propio Yo. Pero mientras trascurrían las horas, ese temor se fue convirtiendo en una experiencia que le dio un giro a mi vida de 180 grados, simplemente conocí al verdadero Hector Herrera, que no conocía.

Fue entonces que cada capitulo se hacia mas interesante, quería saber mas, esa información me estaba dando respuestas que no había encontrado en ningún libro o conferencia que había asistido.

Comenzó la explicación de las cinco dimensiones del ser humano que se relaciona y reacciona la integración personal. Si una de las dimensiones esta en estado critico o en desequilibrio es cuestión de tiempo para que afecte a todas las demás áreas o dimensiones de tu vida.

Si tu dimensión mental esta en un estado de debilidad, la mente con sus deficiencias y falta de ideas positivas ocasionaran pobreza en tus bolsillos, ante esa situación tu mente con base a tus ideas provocando grandes dosis de toxinas bioquímicas alterando tu organismo, trayendo consigo enfermedades y falta de motivación para superar las adversidades de la vida, te alejaras socialmente de las personas haciendo aun peor la salida de tus problemas, complicando y destruyendo relaciones con las personas mas cercanas y comienza el ciclo de nuevo al sentirte miserable emocionalmente creando un drama en cada situación por muy mínima que sea.

Síntomas de la depresión

De acuerdo a la enciclopedia de medicina de USA.
Los síntomas de depresión abarcan:

- Estado de ánimo irritable la mayoría de las veces

- Dificultad para conciliar el sueño o exceso de sueño

- Cambio grande en el apetito, con aumento o pérdida de peso

- Cansancio y falta de energía

- Sentimientos de inutilidad, odio a sí mismo y culpa.

- Dificultad para concentrarse

- Movimientos lentos o rápidos

- Inactividad y retraimiento de las actividades usuales

- Sentimientos de desesperanza y abandono

- Pensamientos repetitivos de muerte o suicidio

- Pérdida de placer en actividades que suelen hacerlo feliz, incluso la actividad sexual

A lo largo de este proceso he aprendido que si tienes 2 de estos síntomas es posible que estés en una depresión ligera, de 3 a 4 una depresión mediana y si tienes mas de 5 es posible que te encuentres en una depresión severa, en cualquier nivel se tiene que atender al paciente pero sobre todo, el paciente tiene que querer hacerlo.

Identificar los síntomas, identificar la causa y encontrar el remedio esa es parte de la misión de Sanación, si padeces esta enfermedad es importante ponerle atención, vamos a encontrar juntos las causas, trabajar la causa y no los síntomas, la depresión es una enfermedad progresiva, peligrosa y mortal y a pesar que es una enfermedad invisible mata a mas de 800,000 personas al año.

A través de este proceso comenzaras a cambiar la percepción de tus experiencias, no se trata de olvidar, se trata de asimilar, digerir, entender y perdonar para sacarte ese coraje, tristeza, frustración y sentimientos de impotencia.

Suicidio

Cada 40 segundos una persona intenta quitarse la vida. 800,000 lo logran cada año. Fuente: OMS (Organización Mundial de la salud)

La depresión, es un mal que afecta a millones de personas, pero antes de una depresión en sus diversas etapas y niveles, se encuentra la "BAJA AUTO ESTIMA", este mal que si no lo atendemos puede convertirse en una depresión crónica y se inicia la auto destrucción consciente o inconsciente en todas las áreas de tu vida.

800,000 vidas perdidas sólo por no saber manejar las emociones.
De acuerdo a la cifras y estadísticas de la OMS cada año se incrementa un 5% el intento de suicidio y la fatalidad va en aumento, convirtiéndose así en la segunda causa de muerte en grupo de 16 a 29 años de edad, pero todos somos vulnerables a estados emocionales que desencadenan en depresión y lo peor, la tendencia al suicidio.

Considerando una de las pandemias más destructivas de la era moderna, ni todas las guerras juntas en las que actualmente vivimos se han registrado tantos decesos sin haberle puesto atención a las señales que te pueden llevar a una depresión severa, comenzando en niveles bajos y encaminándote a la autopista del suicidio eso es lo peor que te pueda pasar, pero en el proceso comienza la auto destrucción en todas las áreas de tu vida, cuando estas mal mentalmente es como si la computadora fallara, lo principal, luego en lo espiritual sientes que ningún momento y en ninguna forma eres o vas a ser apreciado por los demás, por que ni siquiera te amas tu, ¿Quién te va querer con esa actitud? sientes que no te mereces ganar dinero, tener una vida económica solvente, tienes miedos porque espiritualmente te encuentras falto de valor, no crees en el amor no crees en la Fe, la esperanza, la pareja, la familia y siempre tienes una justificación por la cual no enfrentar la realidad, "es que a mí me pasó esto" pues si, de igual manera la gente que tiene baja auto estima termina en los hospitales, piensan que no se merecen la buena salud según su juicio y todo esto sucede a nivel inconsciente, afectan físicamente el organismo porque los pensamientos destructivos, tóxicos y con una percepción muy negativa de la vida son las semillas de todos tus males.

Yo soy el testimonio vivo de que este método funciona, recuerdo cuando entré a la clínica del Dr. Salvador Sánchez ya tenia 4 años con mi problema de no poder caminar, el diagnostico después de ver los precarios estudios que llevaba, me dijo, "necesitamos una tomografía de tu columna, necesitamos saber exactamente que hay ahí, pero, para adelantarte el diagnóstico para mi tienes hernias de disco el zona lumbar L4 L5 y eso te está impidiendo caminar"

En la primera cita me dijo que lo mas importante de curar el cuerpo era curar la mente, y que yo me encontraba en un estado de ánimo muy deprimente, le dije que estaba al borde del suicidio, que no podía mas, que había intentado muchas cosas, pero que nada me había funcionado, que ya estaba cansado de arrastrarme por la casa para ir al baño, de comer en la cama, de vivir en una cárcel, mas que nada mental, porque no tenia el valor ni siquiera de decirle a mis amigos y compañeros de la escuela y del barrio que había regresado a la ciudad, pero que había regresado sin poder caminar.

Postrado en cama y con poco movimiento para desplazarme por la casa, mi futuro incierto empezó a crear problemas en mis cinco dimensiones, mi madre desempeñó el papel que muchas madres amorosas hacen por sus críos, cuidarlos y preocuparse por ellos. A ella mi más grande gratitud por dedicarme cinco años en mi convalecencia. Pero algo tenía que hacer para salir de mi precaria situación física, ¿Qué podía hacer para amortiguar el daño psicológico que cada día empeoraba? Fue entonces que me invito a conocer estas técnicas en un curso que tomaría tres días enteros y que si quería sentir una mejora emocional y física era necesario asistir.

Cuando llego el viernes como pude llegue al lugar y me otorgaron un lugar especial para colocar mis muletas y algunas cosas con las que me movía, pues me reusaba a usar silla de rudas.

Se abrió la sesión y la coordinadora nos dio a los asistentes la bienvenida y nos dijo "les voy a presentar al director de curso", y en eso sale el Dr. Salvador Sánchez, presentándose como director de curso y nos dio la bienvenida. Estábamos dispuestos a escuchar e invertir tiempo, dinero y esfuerzo, para que sucediera el prometido cambio.

Ahí comencé a darme cuenta que el cambio nace de uno mismo con la disposición de querer mejorar o enfrentar la situación de tu vida, gracias al auto conocimiento interior, encuentra las claves de cómo entender lo vivido, las experiencias negativas que otras personas te dejaron y te marcaron para siempre.

Decisiones infantiles

El niño cuando nace, busca a toda costa regresar a su paraíso donde se encontraba, vivir sin molestia o perturbación y va tomando decisiones en su día a día buscando conseguirlo, haciéndolas desde su sentir, movido por su sentimiento de querer regresar a su "paraíso materno".

Las decisiones infantiles son creencias erróneas, el ser humano al sentir el choque del nacimiento es un impacto en el cual lo relaciona con un ambiente hostil, ruidos exagerados del quirófano, gritos de los doctores y enfermeras o tal vez partera y la madre que desesperadamente está sufriendo por el proceso, de esa manera tan traumática como es el nacimiento sus emociones van ubicándose en siete decisiones de sus creencias erróneas, así desde el primer minuto y aproximadamente hasta los siete años de edad se va formando nuestro carácter y a su vez la personalidad del individuo y la percepción hacia la vida, la interpretación.

El niño ya no está conectado en aquel paraíso flotando en el líquido amniótico, ha salido del vientre con contracciones muy dolorosas que enfrenta en el nacimiento, respira por primera vez, siente dolor al cortar el cordón umbilical del cual se alimento por nueve meses durante su gestación. Ahora llora con desesperación, fue un momento tan inesperado, después del nacimiento siente frío, hambre y ve por primera vez la luz, una luz brillante que le queman los ojos, y su llanto se hace más fuerte ahora desesperado, en ese momento sienten en sus labios por primera vez algo suave y tibio del cual le dan un líquido rico, y dulce al paladar que le satisface su apetito.

En ese momento se programa y toma la primera decisión.

Decisión #1 "Es importante salirme con la mía ahora" Lo mismo sucede cuando se siente mojado, sucio, con algún dolor, sabe que un llanto fuerte puede llamar la atención e inmediatamente vendrán atenderlo y reafirmar la primera decisión. El niño sigue creciendo, desarrollándose y en algunas ocasiones llora por hambre o por estar con algún dolor o se siente sucio, pero se da cuenta que ya no lo atienden de la misma manera, llora y llora y no lo atienden con la misma rapidez que antes, sus chillidos ahora son más perturbadores y todos los demás adultos lo tomen con más calma, entonces el niño siente que ya no lo quieren y lo afirma en su subconsciente, llora con mucho sentimiento y en ese momento hace la segunda decisión.

Decisión #2 "Como yo lo pienso así es"
Ahora el niño va desarrollándose, y sigue explorando el mundo conociendo a sus familiares e interactuando con ellos, en ese momento comienza a dañar cosas, hacer travesuras y le comienzan a llamar la atención e inclusive comienza a ganarse sus primeros regaños, nalgadas y castigos y es en aquel momento cuando es castigado y no sabe porque, sólo siente y toma la tercera decisión.

Decisión #3 ¿Es importante complacer a los demás"
El niño sigue creciendo y ahora se encuentra en la edad de los ¿por qué? muy comunes, donde vuelven a preguntar una y otra vez ¿por que? aquello ¿por que esto? ¿por que lo otro? Hasta el grado de que el padre en lugar de explicarle le contesta ¡ya cállate!. ¡Cierra la boca!. Lo golpean para que deje de molestar y el niño no entiende que está pasando entonces hace una cuarta decisión.

Decisión #4 "No preguntes, has lo que dice tu autoridad"
El niño se confunde cada vez más y decidí no molestar se somete a las indicaciones de sus mayores y comienza a tratar de complacer a los demás, a bailar, a contar chistes a pintar, juega a ser médico, quiere ser como papá, quiere ser como mamá, cariñoso con la abuela juguetona y todo mundo le aplaude en ese momento el niño se siente aceptado, entonces toma una quinta decisión.

Decisión #5 "Voy a cambiar para ser aceptado por los demás"
El niño ya más crecidito observa que la fórmula no le funciona a largo plazo del todo, observa que al cambiar para ser aceptado ahora le está creando muchos conflictos y comienza a experimentar el rechazo de todos sus familiares, cada uno de ellos tiene sus razones por estar de mal humor en algún momento de la vida, pero el niño lo toma muy personal, se refugia en una depresión y tristeza y comienza hacer retraído y a tener dificultades, entonces así toma una sexta decisión.

Decisión #6 "Que tú, él, ellos, todos cambien para que yo sea feliz"
Al tomar la sexta decisión el niño toma una actitud rebelde está harto de cantarle a la abuela, de rezar, de ir al la escuela, de que no fue aceptado porque no entiende el comportamiento de los demás, al tomarlo personal no tuvo satisfacción y tranquilidad en sus decisiones, he conocido muchas historias de algunos menores que toman la decisión de fugarse de la casa sólo para castigar a sus padres por algún castigo impuesto, ahí toman la séptima decisión que es.

Decisión #7 "Soy importante y que no se te olvide"

A partir de entonces el niño ya formó su carácter lo han programado lo suficientemente bien como para tomar el mundo con una percepción posiblemente equivocada , estas siete decisiones lo siguen atormentando y creándole conflictos en su vida adulta, las siete decisiones están hechas de el ego que nos hace creer que la decisión maestra es:

Decisión maestra "Vivir sin molestia o perturbación alguna"

¿Como asocias en tu vida y la toma de decisiones en diversas circunstancias de tu vida?

Responde en tu interior o escribe en tu cuaderno las respuestas a las siguientes 8 preguntas:

1.- ¿A cuantas personas tienes que complacer en el día?
2.- ¿Qué sientes cuando no te hacen caso?
3.- ¿Cuando alguien no te hace caso sientes que ya no te quiere?
4.- ¿De cuántas personas sientes celos y porqué?
5.- ¿Que sientes cuando no complaces a alguien?
6.- ¿Crees tener consecuencias cuando no complaces a los demás?
7.- ¿Tienes miedo a la soledad y el abandono?
8.- ¿Crees que ese miedo te lleva a complacer?

Si en tu edad temprana empezaron a decirte como actuar, imposición de como vestirte, que hacer y no hacer, te controlaron con miedos y castigos.

Es el momento que te des cuenta hasta que nivel te controlan estas decisiones, hechas desde el sentir y no desde el análisis con el que ahora cuenta tu intelecto.

Responde en tu interior o escribe en tu cuaderno las respuestas a las siguientes 5 preguntas:

1.-¿Cuántas autoridades tienes?
2.-¿Qué sientes cuando no obedeces a tus padres, jefes, pareja, hijos, amigos, etc.?
3.- ¿Tienes miedo a desobedecer a "Dios" pues te irás al infierno?
4.- ¿No será el infierno otro control, para que te comportes como lo marca la sociedad?
5.- Haz una lista de todos tus miedos

Este trabajo es con el único propósito que te auto descubras y encuentres en que hay que trabajar.

El niño buscando su paraíso, toma una serie de decisiones con el único propósito de vivir sin molestia o perturbación alguna. Cuantas veces reaccionamos con emociones descontroladas cuando nos domina alguna de esas 7 decisiones infantiles, que en automático se disparan y evitan que vivamos sin molestias o perturbación alguna.

Responde en tu interior o escribe en tu cuaderno las respuestas a las siguientes 7 preguntas:

1.- ¿Cómo te sientes, cuando alguien no te hace caso?

2.- ¿De cuántas personas sientes celos?

3.-¿Cuántas veces haz buscado llenar ese vacío de que nadie te quiere?

4.- ¿Eres de los que siempre crees tener la razón, ya que los demás están equivocados y luchas para defender tus ideas?

5.- Haz una lista de cuantas veces al día sientes celos o sientes envidia.

6.- ¿cuantas veces al día estas luchando por salirte con la tuya y peleas por ello?

7.- En tu hogar, en tu trabajo, con tus amistades y parientes ¿estás constantemente peleando?, ¿creyendo que todos están equivocados?

Lo que actualmente significa para muchos de nosotros "FELICIDAD" es estar en un estado de placer y confort, dónde tengamos mucha atención favorable, aprobación e importancia, dónde no tenga dolor, nadie me ignore o rechace, que nadie me desapruebe, donde nadie me haga sentir inferior, etc. Este es un estado dónde todo sucede tal como yo lo quiero ahora mismo, en pocas palabras estas en la decisión MAESTRA. "Vivir sin molestia o perturbación alguna" lo cual es un engaño. Siempre habrá molestias y perturbaciones mientras respires. ¡Eso se llama VIDA!

La auto observación te llenará de luz, esta enseñanza es solo un mapa, una guía, pero tenemos que hacer el camino nosotros mismos.

El niño cuando hace la decisión maestra de "Vivir sin molestia o perturbación alguna" establece una creencia que será la regla de actitud y acción.

Responde en tu interior o escribe en tu cuaderno las respuestas a las siguientes 5 preguntas:

1.- ¿A qué le das valor en tu vida? Haz una lista en cada una de tus dimensiones. Mental, Espiritual, Físico, Social y Económica.

2.- ¿Cuánto te desgastas por obtener y mantener a lo que le das Valor?

3.- ¿Cómo reaccionas cuando algo o alguien te quita o amenaza con quitarte lo que valoras?

4.- ¿Qué es para ti ser feliz?

5.-¿Eres feliz o aparentas serlo?

Responde en tu interior o escribe en tu cuaderno las respuestas a las siguientes 4 preguntas.

1.- ¿Cómo reaccionas tu cuando no te sales con la tuya en el instante?
2.- ¿Cómo reaccionas cuando los demás no hacen lo que dices?
3.- ¿Con quienes sientes más coraje y porque?
4.- Haz una lista de cuantas veces el enojo te gobierna al día.

Responde en tu interior o escribe en tu cuaderno las respuestas a las siguientes 5 preguntas:

1- ¿Qué juicio le tengo a la vida?
2- ¿Ante quien me siento inferior y por qué?
3- ¿Qué no me gusta de mi cuerpo?
4- ¿Qué estoy haciendo para vivir sin molestia o perturbación?
5 -¿Qué situaciones me causan y me han causado miedo, dolor, angustia, odio, coraje, resentimiento?

El adulto llega un momento que desconoce quien es en realidad, pues ha cambiado tanto, en la casa se comporta de cierta forma, en el trabajo de otra, con los amigos diferente trayendo consigo un desorden de personalidad. "Caretas" solo se pone caretas para agradar a los demás buscando quien lo quiera, complace y cambia con miedo y resentimiento, volviéndose una persona hipócrita y falsa.

Responde en tu interior o escribe en tu cuaderno las respuestas a las siguientes 3 preguntas.

1- ¿Tú has cambiado para que los demás te aprueben?
2- ¿Qué has hecho por tu necesidad de que te quieran?
3- ¿Cuántas caretas te pones al día?

Caretas de buena persona, de honrada, de servicial, de trabajador, de buen padre o madre, de buen hijo, de amorosa hija, en fin existen tantas caretas! Lo más denigrante y en lo que no pensamos es que nuestros seres cercanos se dan cuenta de nuestra hipocresía y perdemos credibilidad ante ellos. ¿Con que calidad moral exigimos si somos tan falsos e incongruentes?

Obsérvate, reconoce, nadie está libre, todos hemos experimentado este sentimiento, la diferencia es que unos lo entienden, lo aceptan y pueden parar con lo que los atormenta con solo el hecho de ver la causa, otros solamente se hacen las victimas y continúan con su existencia necia, conócete a ti mismo y serás libre.

Las cuatro primeras decisiones que hizo el niño están guardadas en el subconsciente, por eso como adultos nos es tan difícil hacer cambios en nuestra vida, así que al comprenderlas habrá un importante cambio en tu vida.

Analiza la gran contradicción del Ser humano, el Ser humano vive atormentado por sí mismo, por un lado siempre quiere salirse con la suya y si no lo logra hace su berrinche y grita más fuerte, una vez logrado lo que quiere se atormenta con miedo, pues recuerda que tiene que complacer y hacer lo que dicen los demás.

Todos buscamos una felicidad que nunca llega, nunca es suficiente, cuando crees tenerla, te da miedo perderla y sigues viviendo en desarmonía, pues siempre quieres más, mejor y diferente.

Responde en tu interior o escribe en tu cuaderno las respuestas a las siguientes 6 preguntas:

1- ¿Cuántas veces te has arrepentido de tus decisiones?

2- ¿Qué es para ti la felicidad?

3- ¿Qué necesitas para ser feliz?

4- ¿Piensas que la felicidad es vivir sin molestia y perturbación?

5- ¿Si todo en la vida te saliera tal como quieres, serías feliz?

6- ¿Crees que tu idea de felicidad es igual a la de tu pareja, hijos, vecinos, Etc.?

Todos tenemos ideas diferentes de felicidad, tus necesidades son diferentes a las mías, por eso dentro de una familia donde todos necesitan ser felices buscan a toda costa lograrlo, ósea, entre unos y otros se estorban, todos luchando, peleando por su felicidad, por eso tanto pleito y nadie entiende nada, solo se reacciona.

¿Qué es la Felicidad?

Una vez estando en una feria de libro en Chicago con la Doctora Isabel, conocida como el ángel de radio, tuve la oportunidad de hablar con ella sobre la felicidad, ella dijo que la felicidad para ella es: Estar con sus nietos y disfrutarlos.

¿Para ti que es la felicidad?
Investigue sobre esto y descubrí que la gente feliz goza de una mejor calidad de vida, viven mejor, disfrutan más, tienen más amigos y no se enferman fácilmente, por otro lado en esta investigación también descubrí que una emoción mantenida durante meses o años puede convertirse en una causa de enfermedad.

¿Que es la felicidad? Es un estado de ánimo de la persona que se siente plenamente satisfecha por gozar de lo que desea o por disfrutar de algo bueno.

El doctor Edward Diener, autor de la escala de la felicidad, nos enseña como medir nuestra felicidad, respondiendo a estas preguntas.

• "LA ESCALA DE LA FELICIDAD"

INFELIZ   FELIZ

1   2   3   4   5   6   7

NO ES CIERTO   MAS O MENOS CIERTO   TOTALMENTE CIERTO

Analiza, identifica y responde en la grafica del 1 al 7 en donde esta cada respuesta de las siguientes preguntas y circula el numero para ubicar tu nivel de felicidad. Basado en NO ES CIERTO, MAS O MENOS CIERTO O TOTALMENTE CIERTO.

¿Mi vida es muy cerca de lo ideal?
¿Las condiciones de mi vida son excelentes?
¿Estoy satisfecho con mi vida?
¿He obtenido lo que quiero en mi vida?
¿Si pudiera vivir mi vida de nuevo no cambiaría casi nada?

Evaluemos tus respuestas.
Si tus respuestas están en la escala de:

No es cierto o 1 y 2: Estás extremadamente insatisfecho con la vida.

Más o menos cierto o entre el 3 y 4: Estás ligeramente satisfecho con la vida.
Es totalmente cierto o entre 5,6 Y 7: Eres extremadamente feliz y satisfecho con Tu vida.

Como vez, la felicidad es la interpretación que uno mismo le quiera dar, a las circunstancias de la vida, cualquiera que estas sean.

Ahora tienes los resultados en tus manos de hasta donde puedes medir tu felicidad y a su vez darte cuenta lo feliz que somos, porque algunas veces somos extremadamente felices y no lo sabemos.

La meta es incrementar la felicidad de 2 maneras,
1- Cambiar la percepción que necesitas algo o alguien para ser feliz. Y
2- Trabajar en el proceso de arreglar las cuentas pendientes con tu conciencia, y eliminar viejos rencores que solo hacer mas pesada la jornada.

En esta jornada encontraras las claves poderosas para aceptar lo que no puedes cambiar y no solo eso, transformar tus desventajas en poderosas herramientas de cambio, capitalizando tus mas grandes problemas y transformando un valle de lagrimas en una vida llena de oportunidades.

Las 5 dimensiones del Ser humano

Con este método aprendí y comprendí que el ser humano se relaciona y reacciona en cinco campos o dimensiones: Mental, Espiritual, Física, Social, y Económica, y la relación que existe en el área Emocional y cómo nos adaptamos o reaccionamos en etapas difíciles de nuestra vida, estos conceptos los hemos escuchado en muchas ocasiones, pero si son nuevos para ti nunca es tarde para comenzar, yo descubrí esta información a mis 23 años de edad.

Mis miedos y pensamientos negativos se manifestaron en mi vida física, los estudios de imagen que se llevaron a cabo y efectivamente me encontraron dos hernias de disco centrales en la parte baja de mi espalda, y no había otra solución que una cirugía mayor de 10 horas en quirófano. El Dr. Sánchez me dijo claramente que si la operación salía bien podría volver a caminar, pero me hizo saber algo que llamo toda mi atención, que si no sanaba mis heridas emocionales solo era cuestión de tiempo para desarrollar otra enfermedad o provocar otro accidente, me dijo "Héctor, estamos enfermos de nuestras propias emociones, y mientras no sanemos por dentro, difícilmente podremos sanar las heridas físicas".

Debido al lugar donde estaban alojadas las hernias, el procedimiento quirúrgico no me garantizaban volver a caminar; eso me llevaría usar silla de ruedas. La otra opción era seguir las indicaciones del Doctor y someterme a un programa de Auto valorización llamado Actitudes Dinámicas, es ahí donde encontré las bases de este programa de Sanación, en combinación a la información que manejan mis grandes mentores de conciencia como Louise A. Hay, Deepack Chopra, Joe dispensa, estudios de física cuántica, Programación Neuro-lingüística, Inteligencia emocional y psicología, por mencionar algunos de los programas que me ayudaron a ir formando el método Sanación.

Primero tenía que "curarme" por dentro, SANAR, sacar de mis entrañas toda la frustración, odio, ira, resentimiento y miedo que había almacenado en mi mente consiente y subconsciente. Me había convertido en una persona desencantada de la vida, amargada, lamiendo las heridas de mi triste realidad, echándole la culpa a todo y a todos, opté por la opción de saber principalmente cuales eran los pasos para conocerme y hacer consciente todos mis problemas y eliminarlos desde la raíz.

Dimensión Mental

¿La habilidad de pensar positivamente se ha ido de tu vida porque no sabes el secreto de manejar tu mente y emociones? La mente tiene el poder de sanar tu cuerpo o enférmalo, funciona tanto para lo positivo como para los negativo, si piensas cosas negativas cosas negativas se manifestarán en tu vida, si piensas cosas positivas, experiencias positivas se manifestarán en tu vida, lo hemos escuchado miles de veces, de diversas maneras pero ¿cómo lo aplicamos en nuestra vida?

Las personas con baja autoestima o con heridas emocionales del pasado que constantemente se auto castigan con el solo pensar que fueron víctimas, viven reaccionadas bajo, odio, ira, resentimiento, miedo y frustración, así como envidia y obsesión por seguir pensando de esa manera sin salir del bache emocional, estos son algunos de los síntomas que necesitas saber y detectar en ti, lo que aprendí en mi proceso y como superé los momentos más difíciles de mi vida, comenzaron analizando mis pensamientos.

La ciencia dice que generamos mas de 65,000 pensamientos diarios, lo curioso del caso es que mas de 99% de esos pensamientos generados diariamente son iguales a los que pensaste un día anterior, es decir si sigues pensando de la misma manera obtendrás los mismo resultados.

Hoy te daré las herramientas para pensar y vivir de una mejor manera y eso se manifieste, un verdadero estilo de vida para mi es tener como meta que te reconcilies con tu persona y liberarte de ataduras, ideas, creencias y complejos que limitan todo tu potencial como ser humano, y la mente tiene un papel muy importante para lograrlo.

Diversos estudios clínicos demuestran que las personas que acostumbran consiente o inconscientemente pensar negativamente son vulnerables a enfermedades virales, ya que su sistema inmunológico es deteriorado por pensamientos tóxicos que crean emociones negativas y por consecuencia reacciones bioquímicas desequilibradas que deterioran tu cuerpo.

Analicemos como influyen los pensamientos en las enfermedades y en tu salud, es una cuestión bioquímica, los pensamientos e ideas toxicas afectan envenenando nuestro organismo, en menos de un segundo tu cuerpo puede producir el suficiente desequilibrio químico para tullirte, enloquecer o matarte.

La manera como lo he explicado durante mas de dos décadas en los escenarios, es conceptualizando los estudios y resultados de científicos y estudios relacionados, recalcan que la mente no sabe la diferencia entre la realidad y una idea, funciona y reacciona de la misma manera, así que si tus pensamientos dominantes son de baja frecuencia o de dolor, la mente reaccionara como si los vivieras una y otra vez.

La mente también funciona a la inversa, es decir si tus pensamientos son positivos, llenos de amor, agradecimiento, felicidad, tu mente las experimentara como reales y milagros comenzaran a pasar en tu vida diaria.

Te explicaré cómo funciona el cerebro y la reacción bioquímica de tu cuerpo al estimulo de pensamientos, funciona para bien o para mal.

Cuando una idea brota en tu mente o existe un estimulo externo comienza un proceso bioquímico el cual nace en el centro de tu cerebro, se activan varios sistemas bioquímicos del cuerpo pero hoy hablare del desempeño de una glándula llamada el Hipotálamo, que es responsable de segregar o crear los maravillosos o destructivos neuropéptidos, inundando tu torrente sanguíneo con estas moléculas pequeñas, formadas por la unión de dos o más aminoácidos, son sustancias químicas que intervienen en la transmisión del impulso nervioso que permite paso de información de una célula a otra, es decir se conectan y se codifican las células con la información del neuropéptido.

Esa es la definición medica, pero en palabras sencillas son el producto del proceso bioquímico completo por el cual nuestros pensamientos afectan directamente a nuestra salud, las emociones, cómo nos sentimos, nuestra personalidad, la forma en que respondemos a situaciones, el pensar en todo ello forma lo que conocemos como actividad de pensamiento. Pero ahora nos interesa analizar el pensamiento como el flujo de actividad eléctrica que se desarrolla en nuestro cerebro, concretamente, la actividad comunicativa entre las neuronas.

Esas conexiones eléctricas inter neuronales son las que dan lugar a lo que conocemos como pensamientos, ahí aparecen todas las experiencias vividas e inventadas por la asombrosa capacidad creativa del cerebro, como son tus pensamientos así será el producto bioquímico de tu cuerpo, ese maravilloso cuerpo es el laboratorio mas complejo del universo, pues posee la capacidad de que con el poder de los pensamientos alegres, destructivos, de crítica, humorísticos, inspirativos, etc., el gran laboratorio de nuestro organismo se activa, es decir, que nuestro hipotálamo creará combinaciones químicas de la misma tipología de los pensamientos que nuestro cerebro está produciendo.

De este modo,. nos sentimos bien o mal, alegres o abatidos, calmados o nerviosos, como respuesta a nuestros pensamientos, se trata, sencillamente, de que nuestro centro bioquímico, el hipotálamo que está creando productos químicos como el más perfecto laboratorio imaginable, para "dar forma a sensaciones" a los pensamientos que está produciendo nuestro cerebro.

"El resentimiento de un pasado no superado, trae muchas consecuencias negativas en tu cuerpo"

Hipócrates, el padre de la medicina decía, que para curar un enfermo primero hay que preguntarle si esta dispuesto a renunciar a todo lo que lo enfermó.

Estilo de vida, alimentación, vicios pero sobre todo pensamientos negativos.
Si tienes un cuerpo enfermo tal vez te preguntes ¿por que me enfermé? y ¿por que no me alivio? Y encontré este pensamiento de origen desconocido el cual te da la respuesta.

¿POR QUÉ NO SANAS?

No sanas porque desconoces que tus pensamientos son el origen de tu enfermedad.
No sanas porque no has aprendido a nutrirte , eligiendo comer insana y pobremente.
No sanas porque sigues ignorando al poderoso y valioso ser que eres.
No sanas porque continúas desentendiéndote y fingiendo que todo está bien en tu mundo.
No sanas porque crees firmemente que existe la enfermedad crónica.
No sanas porque has hecho del sedentarismo una nefasta forma de vida.
No sanas porque has asumido que el sacrificio es la forma de demostrar amor a los demás.
No sanas porque no usas la magia del perdón para limpiarte de ira y rencor.
No sanas porque no respetas el libre albedrío de los seres que te rodean a ser lo que son.
No sanas porque intoxicas tu cuerpo de pastillas y químicos que acallan

los síntomas que hablan de desarmonía interior.

No sanas porque huyes del rey Sol, no le hablas al mar, no te pierdes en el bosque y has obviado que tú eres el sanador.

De nada sirve tener una excelente alimentación y ejercitar tu cuerpo si es bombardeado con pensamientos y actitudes negativas, pues echaran a perder todos los demás sistemas del organismo.

En esta dimensión MENTAL tiene que ver con nuestro pensar, la habilidad de pensar positivamente y ser consiente que las ideas que generamos y de cómo afectan nuestro entorno.

Las enfermedades son provocadas por la mente y las ideas.

¿Existe una conexión psicosomática, mente, ideas, cuerpo y enfermedades? La respuesta científicamente comprobada es SI.

Por ejemplo: la Ira, se ha relacionado con enfermedades del hígado, personas que no dominan el miedo sufren de enfermedades de riñón.

Un susto muy grande puede afectar los riñones y el corazón. Alegrías incontrolables pueden afectar también al corazón. La amargura o resentimiento llevan a la depresión crónica. Preocupaciones constantes afectan el bazo y los pulmones. Tristeza profunda daña los pulmones por no tener aspiraciones de vida y así podemos enumerar diversos tipos de enfermedades asociadas con tus ideas y producción de químicos que uno mismo produce con el poder del pensamiento y como nos afectan.

Te haré unas preguntas claves para entender esta dimensión:
¿Cómo pienso? ¿Qué tipo de ideas tengo? Medítalo por favor.

¿pienso muy seguido en la mala suerte?, ¿pienso seguido que estoy enfermo?, ¿pienso con frecuencia en desgracias?, ¿pienso bastante en pobreza?, ¿pienso mucho en que "Dios" me ha tratado mal?; o de lo contrario, ¿pienso que la vida a pesar de lo malo es bella?, ¿pienso con frecuencia que Dios me ama?, ¿pienso que soy afortunado?, ¿pienso mucho en lo bello del amor?, ¿cual de estás dos formas de pensar se parece a la tuya?.

Medítalo y escribe en tu cuaderno tus pensamientos dominantes y de donde obtuviste esas creencias, donde las viste, quien te las enseño.

El poder de los decretos

El siguiente análisis tiene que ver con los decretos: ¿Tengo la idea de que algo malo me va a pasar? ¿Pienso que no hay nadie en el mundo más desgraciado que yo? ¿Creo que soy un fracasado? ¿Pienso que la vida es un valle de lágrimas? ¿Pobre de mi, creo que tengo una enfermedad incurable? ¿Crees que eres la mala suerte en persona? O de lo contrario ¿Pienso que la vida hay que vivirla con optimismo? ¿Creo que soy afortunado de vivir? ¿Creo que a pesar de cómo me siento, estoy mejorando? ¿Siempre he pensado que soy alguien muy amado por Dios? ¿Creo que mi vida es cada día mejor? ¿Con cuales tipos de ideas te identificas tú? Piénsalo un momento y escribe esos decretos dominantes, que los provocó, donde los escuchaste y quien te los dijo.

_____

_____

_____

_____

_____

_____

_____

_____

Todo fue creado en la mente, desde el edificio más alto hasta el botón más pequeño de ropa se han creado primero en el reino mental. Incluso hasta tú eres parte de ese proceso, tú fuiste primero una idea, o sea que sólo eras una imagen mental en tus padres y llegaste a este mundo hecho una realidad.

Existe un viejo dicho o refrán que dice: TEN CUIDADO CON TUS IDEAS POR QUE SE CONVIERTE EN REALIDAD, sean buenas o sean malas, te pregunto de nuevo ¿qué estás pensando?

Sientes que nadie te quiere, ese sentimiento ha nacido en tu mente como una idea, ¡Porque Tú aseguras que en realidad nadie te quiere! entonces esa semilla-idea crece diariamente cuando te sientes mal por que nadie te quiere según Tú, crece y crece y listo, los frutos están ahí, eso influye en tu actitud, te portas mal y PUM! nadie te quiere ya. Pero si cambias de sintonía y piensas que eres una persona llena de valores y razones para que la gente te ame, es una cuestión de auto percepción, basado en lo que tu creas de ti.

Crees que todos te quieren y te aman, esa creencia también ha nacido de tu mente y dará los frutos que tanto has pedido, cambias tu actitud con esa creencia y así será, a todo el mundo le caerás bien, bueno no a todos pero eso no es tu problema, tendrás lo que dicen "un ángel" al relacionarte con los demás, es así como funcionan tus ideas, es un tema que hay que tomarlo muy en serio, ten cuidado ya que lo que pienses sea malo o bueno puede hacerse realidad.

Tú me dirás, yo quiero tener ideas de triunfo, de salud, de prosperidad, de libertad, de bienestar, que bueno que sea así, pero para llegar hasta allá, fíjate dónde estás, piensa, ¿qué ideas o programaciones has arrastrado contigo desde tu infancia?

¿En tu casa, decían que el dinero no alcanzaba? Creciste con esa idea que en realidad el dinero no alcanza y hoy en día ¡es cierto¡ por más que ganes el dinero no te alcanza! En tu casa ¿se decía que la vida era un valle de sufrimientos? Creciste con esa idea desarrollando en tu interior y veías que sí era cierto, que sólo veníamos a este mundo a sufrir porque fue el escenario que te crearon, y hoy en día tienes la convicción que es así, no hay duda para ti. ¿De niña o niño te decían que los hombres son todos iguales o que las mujeres todas son iguales?, tú creciste con esas ideas y las alimentaste a diario, ¡por que es cierto! Según tu programación, todas o todos son iguales verdad? y en estos momentos sufres en tu noviazgo o matrimonio porque encontraste una pareja igual a todas.

Ahora, sin duda estas asociando experiencias tanto negativas como positivas de tu existencia y relacionas con las influencias que tuvieron estas creencias para el éxito o fracaso de tales experiencias.

Evalúa con que ideas has crecido, con cada una de ellas, si han cambiado o si siguen igual, decide si alguna de ellas tiene que cambiar para tu provecho en algo que te convenga a ti y a los demás, de los demás me refiero muy en especial a tus familiares, pareja, hijos, padres, hermanos, compañeros, etc.

La mente de un hombre se compara a un jardín, que puede ser inteligentemente cultivado o ser abandonado y llenarse de hierbas; pero aunque sea cultivado o descuidado, está destinado a producir. Si no se siembran semillas útiles, entonces semillas de hierba mala caerán, crecerán en abundancia y se reproducirán.

-James Allen

¿Cómo esta el jardín de tus pensamientos?

No saber que esas ideas estaban dentro de uno, es lo que también las hace fuertes y grandes; para que una idea-planta se marchite hasta morir hay que hacer dos cosas:

1.- Darse cuenta que están creciendo en nosotros.
2.- Podarlas con nuestro pensamiento o ideas. ¿Quieres saber cómo hacerlo?

"Los pensamientos en la mente nos hacen lo que somos, nos forjan y moldean. Si albergas en tu mente pensamientos inferiores, el dolor te seguirá como sigue el arado al buey. En cambio si tus pensamientos son elevados, te seguirá la dicha como tu propia sombra, es un hecho" - James Allen

Hacer consiente la vibración de tus pensamientos, sembrar a diario ideas nuevas y positivas es la clave, cuando una idea negativa se reconoce y se cambia, esta comienza a marchitarse y más tarde morirá, así funciona, a diferencia de las plantas verdaderas, estas ideas cuando no se les cultiva se mueren, pero tú me dirás:
¿Cómo puedo hacer para no hacerle caso a una idea? ¿Qué puedo hacer para ignorar una creencia que tengo desde niño? La respuesta es "cuando una idea negativa se reconoce y se cambia".

Para comenzar, un pensamiento positivo es 100 veces más poderoso que un pensamiento negativo o de baja vibración, todo es cuestión de enfoque, análisis, comprensión y saber restarle energía a ese pensamiento y sembrar nuevas ideas cultivando el habito de leer, ver programas positivos y de mensajes, evitar confrontaciones y discusiones, involucrarse con comunidades de tu iglesia o ser voluntario para una buena causa, hacer ejercicio y alimentarse bien.
Identifica cuál idea es la que mas te ha dañado en tu vida, esa idea que te ha hecho la "vida de cuadritos". ¿Ya la ha identificado?

Cuando se reconoce a una idea o creencia negativa en tu mente, esta terminará por marchitarse y morir. Eso significa reconocer, aceptar y cambiar.

La mayoría de nosotros DECRETAMOS palabras sin saber lo que estamos diciendo, por ejemplo:

"Me quiero morir" "Trágame tierra" "Eso está para morirse" "Soy un idiota" "Esto me traerá mala suerte" "Estoy como un cerdo" y tantos más decretos a sí mismo o a los demás, y esos demás son nuestros familiares, por ejemplo: "Mírate, estás como vaca" "Eres un tonto" "De verdad que eres idiota" "Ojala te mueras" "Que dios te castigue" y tantas barbaridades de ese tipo.

En esta dimensión mental, las ideas tienen un poder de volverse realidad, recuerda lo que te dije al principio, ten cuidado con lo que piensas por que se volverá realidad, sea bueno o malo para ti.

¿De que nutres tus pensamientos? Si trabajas en crear nuevos pensamientos llenos de salud y amor, esa idea acabará con la otra y tu salud estará estable y con bien.

Enfócate hasta que el pensar positivamente se convierta en un hábito, y se haga realidad con poco esfuerzo, hay que poner manos en la obra en desear cambiar, desear ser mejor; y esto hará que trabajes en tu forma de pensar, en tu forma de decir palabras que no prestas atención y te plantan ideas en tu mente, hay que trabajar en el ambiente en el cual vives, cuida tu patria de ideas, de los demás que te destruyen y te atraen desgracias, hay que trabajar en no dejar que ideas destructivas de gente nociva que te está rodeando y se planten en tu cabeza.

Usted no permitiría a su vecino que entra a su casa y traiga con Él toda la basura de un mes de su casa, y la comienza a regar por tu sala, la cocina, tu recamara, porque inmediatamente llamarías a la policía, y dirás ¡este vecino esta loco! Pues eso es precisamente lo que sucede con el chisme, las malas ideas que traen tus familiares y amigos, esa basura hace mil veces daño que toda la otra basura de un mes acumulada.

¿Por qué hay que tener cuidado con las ideas de los demás?, te lo diré, además de decirte el cómo sacar el máximo provecho de utilizarlo a tu favor, el pensamiento y las ideas son energía, esa ideas atraen a tu vida gente, lugares, cosas y circunstancias, mas temprano que tarde encontraran su afinidad.

En la situación que me yo encontraba, mi mente estaba produciendo solamente ideas negativas. Ideas tales como, "ya no la hice" ¿porque "Dios" me castiga de esta manera siendo yo tan joven? ¿Por qué a mi? ¿Qué hice para merecer esto? El, ella, ellos y todos tienen la culpa de mi desgracia. La dimensión mental se refiere al conocimiento de las funciones de la mente y de las programaciones infantiles, ya sean positivas o negativas que manejan nuestra vida, y yo tenía que averiguar mediante este proceso que clase de ideas estaban pasando por mi mente que causaban más daño a mi problema físico.

Ahora te pregunto: ¿cuáles son las ideas que predominan en tu mente?

Para tu beneficio, quiero que hagas memoria para saber qué ideas traes contigo desde niño y así puedas decidir con qué creencias te quedas y con cuales no, porque no todas las ideas o creencias de niños son malas para ti, claro que no algunos son valores y recuerdos maravillosos, ya que todos también traemos experiencias positivas, pero para esto te daré una lista y tú determinarás si te convienen tenerlas contigo o desecharlas, una forma de hacerlo es pensar si tus ideas basadas en tus experiencias te ayudan para ser mejor persona y los demás o para traerte calamidad y tensión a ti y a los demás. Va la lista:

Una idea es como una semilla sembrada en tierra fértil, la mente no moraliza si es buena o mala, es peligroso pensar cuando no se sabe pensar que ideas y creencias negativas tienes, por ejemplo de:

1.- Dios. _____

2.- Dinero._____

3.- Tus padres. _____

4.- Tú mismo. _____

5.- Tu pareja. _____

6.- Tus hijos._____

7.- Tu trabajo o profesión._____

8.- El gobierno. _____

9.- El sexo. _____

10.- La vida. _____

1	2	3	4	5	6	7	8	9	10
Negativo									Positivo

CIRCULA Y EVALÚA TU DIMENSION MENTAL del 1 al 10

Como consideras que tu nivel del 1 al 10 esta en relaciona tu capacidad de pensar positivamente.

Dimensión espiritual

La dimensión espiritual es donde radican los valores del ser humano, la empatía o la apatía que sientas hacia las personas y la vida, está basado en la percepción positiva o negativa de tus experiencias vividas.

Es aquí donde comenzamos el viaje del autoanálisis y el auto conocimiento, para llegar a la auto comprensión porque muchas veces nosotros mismos no sabemos ni que sentimos, pero sobre todo reaccionamos, si dejas que la reacción de odio ira resentimiento y miedo domine tu mente, entonces debemos conocer y trabajar esta área tan importante en nuestra vida, porque espiritualmente te encuentran sin valores, como la esperanza, la Fe, la alegría, la felicidad, el amor, la tolerancia, la formación del autoanálisis, esos valores que desgraciadamente se nos han ido de las manos a consecuencia del medio ambiente en el que vivimos, si te criaste con personas que te faltaban el respeto, abusaban de ti de cualquier forma, tu dimensión espiritual y tus valores estarán muy demacrados o llenos de percepciones negativas, porque estarán basados en las experiencias vividas, si tuviste un padre, una madre o un tutor de crianza que te dijo repetidas ocasiones que no servías que eras un tonto o que eres un bueno para nada y que nunca ibas a lograr algo importante en la vida, te das cuenta que tarde o temprano la ira, el resentimiento, el miedo y todo lo vivido se llega a manifestar en tu vida, trayéndote crisis, que es normal el proceso para darte la comprensión de muchas cosas a través de una Sanación de esta área para comenzar a detectar malos valores y fomentar nuevos.

La dimensión Espiritual es la dimensión que trata a ese YO muy interior. ¿Alguna ves te has visto al espejo y sientes, dentro de ti que eres más que un cuerpo físico?

Es en esta dimensión donde el hombre se engrandece o se destruye.
Muchas personas tienen la falsa creencia que alguien espiritual es alguien que ha renunciado a los placeres como la riqueza, la buena comida, el sexo, etc., y piensas que son personas apartadas y solitarias, pero no es así.

Puede alguien ser muy espiritual teniendo millones de dólares, comiendo buenas comidas, vistiendo de forma lujosa y tener relaciones sexuales satisfactorias y más cosas, ¡claro! Sólo que este tipo de personas ven estos placeres como un premio, no como un estilo de vida.

Es decir que la mayoría quiere triunfar para tener placeres, mientras que otros buscan el éxito para beneficiarse a si mismo y a los demás, los placeres serán un premio adicional al éxito.

¿Y que es el Éxito? Es hacer lo que tu quieras hacer, como lo quieras hacer, donde quieras, con quien quieras a la hora que quieras y las veces que tu quieras, eso siempre y cuando no perjudiques a alguien.

Que los placeres no sean la meta, son simples atractivos que hacen el camino más ligero, ¿que es un Ser espiritual para mi?

"El Ser espiritual representa que Yo pueda ver a Dios en ti, en mi, en tu pareja, en tus hijos, en tus jefes, en tus empleados y en todas las personas con las cuales convives. Es sentir a Dios en cada cosa que haces, pienses, hables o actúes"

Que es lo que nos hace realmente hermanos con todos los seres humanos, todos estamos conectados, si te hago mal a ti me hago mal a mi persona, somos hombres y mujeres de todo tipo de raza y color de piel, pero todos estamos conectados por algo que desconocemos mucho o poco, y el cual nos conecta con la divina manifestación de Dios que nos da vida.

En repetidas ocasiones he escuchado a personas que después de una experiencia negativa ya no quieren volver a sentir el mismo dolor del abandono, del abuso, del golpe físico o emocional que sintió cuando mordió el polvo en el suelo de las adversidades de la vida, en definitiva todos sabemos que no es nada agradable terminar una relación y después de un divorcio salir libremente en busca del amor, hemos escuchado muchas veces a personas que pierden el sentido del buen humor justificando que tienen "un carácter muy difícil". Para comenzar la palabra carácter no esta correctamente aplicada en esta situación, todo se debe a una confusión y una mala interpretación, cuando alguien se molesta con facilidad esta de mal humor y la debilidad de carácter lo dominan.

¿Cómo se define el carácter de una persona?
La psicología nos dice: El carácter de una persona es la manera en la que una persona reacciona habitualmente frente a una situación.
Es también la forma de expresar esta manera de reaccionar, señalando que la persona posee tal o cual perfil, característica, formación o inclinación.

El carácter, es la formación del ser humano que ha tenido a lo largo de su vida, cuantos libros ha leído, que cursos ha tomado, que entrenamientos ha recibido y como ha tomado positivamente las experiencias de la vida, aunque sean malas y en lugar de quejarse y hacer berrinche ante la adversidad de la vida y preguntar ¿POR QUE A MI? se pregunta ¿PARA QUE A MI? Una persona con carácter tiene la habilidad de evaluar lo bueno y lo malo de sus acciones y mejorar, eso es tener carácter, cuando alguien te diga que tiene un carácter muy fuerte y se molesta con facilidad creo que más bien es que tiene un CARÁCTER DEBIL.

La Dimensión Espiritual, nos dice que la relación entre Tú y el Dios de tu corazón es tan buena sólo como Tú lo decidas.

Escribe una lista de valores que te definen y explícalos claramente.
Yo por ejemplo uno de mis valores espirituales que me definen son la alegría de vivir, después de ver mi vida llena de sombras y amarguras por la enfermedad que me postro en cama por varios años, al lograr sobreponerme de esa mala experiencia ahora mi valor mas grande es la alegría de vivir, otro valor que me define es la RESPONSABILIDAD, y me doy cuenta que cambiar las cosas que deseo dependen de mi, respondo por mis actos por que he comprendido el valor de la toma de decisiones y dejar de culpar a los demás, pero sobre todo el compartir las distinciones que yo vi en este proceso.

"Nadie puede hacerte sentir inferior sin tu consentimiento"
-Eleanor Roosevelt

En la situación que me encontraba ya había afectado mi dimensión ESPIRITUAL, es decir, mi aceptación propia. La dimensión Espiritual tiene que ver con los valores; los valores por las personas, las cosas y la creación entera. Obviamente si mi mente estaba ocupada en generar ideas o pensamientos negativos, mi dimensión espiritual estaba totalmente dañada no había aceptación propia de mi ser. Bajo esta perspectiva, mi mejoramiento era imposible. Como ya mencioné, la dimensión Espiritual está en relación íntima con nuestro propio ser. Se refiere al conocimiento propio, a la aceptación personal, al amor a mí mismo, aceptarme tal cual soy, con todos mis defectos y virtudes. En esta dimensión se fundamentan todos nuestros valores.
Sinceramente, al conocer esta dimensión me di cuenta que me encontraba en una absoluta desvalorización personal.

Ahora te pregunto: ¿Cuáles son los valores que rigen tu vida?

Lista de valores personales

Desarrolla una lista de tus valores dominantes positivos o negativos y explica de donde nació ese valor o experiencia desagradable que ahora es parte de tu Dimensión Espiritual:

Ejemplo: valores negativos "Desconfianza", no creo en la gente porque me han fallado mucho en especial mi familia. "Pareja": No creo en el amor, porque sufrí un abandono de mi ex pareja, etc.

Mis valores dominantes que forman mi carácter son y explica:

_____
_____
_____
_____
_____
_____
_____
_____
_____

1   2   3   4   5   6   7   8   9   10
Negativo   Positivo

CIRCULA Y EVALÚA TU DIMENSION ESPIRITUAL del 1 al 10

¿Cómo consideras tu nivel espiritual? Crees que tus valores están mal fomentados? ¿viste en tu casa malos ejemplos que deterioraron tus valores? Piensa, evalúa y llegaras a muchas conclusiones.

Es importante tener Fe en esto para Sanar, el apóstol Pablo la define como la firme seguridad de lo que esperamos, la convicción de lo que no vemos. Hebreos 11:1

La fe mueve montañas las montañas del odio, de la ira, del resentimiento y las montañas del miedo.

Dimensión física

La dimensión que tocas, sientes, ves, e incluso hasta la puedes oler. Esta dimensión es todo tu cuerpo, desde la punta de los dedos de tu pie, hasta el último cabello de cabeza. Igualmente la componen todos aquellos órganos internos que no podemos ver a simple vista pero los sentimos y están trabajando para nosotros.

Aquí es donde mides el nivel de aceptación físico personal y las preguntas más importantes son: ¿Te aceptas físicamente?
¿Cómo tratas tú cuerpo? El objetivo es ser consiente y responsable de la forma en que tratas a tu dimensión física, ¿Cuánto ejercicio le das a tu cuerpo? ¿Fumas? ¿Eres dependiente de drogas farmacéuticas? ¿O eres dependiente de drogas ilegales o legales? ¿Cómo eres contigo mismo? ¿Cómo te tratas? Existen drogas que parecen inofensivas, la que está de moda es el AZÚCAR, esta es ocho veces más adictiva que la cocaína, el cigarrillo que contiene más de 26 químicos que causan cáncer, o el alcoholismo que es una enfermedad progresiva y mortal, solo por mencionar algunas que tanto daño causan al ser humano y las puedes comprar en cualquier esquina.

¿Sabías que estudios científicos han determinado que el ser humano tiene el potencial de vivir hasta los 120 años y en un estado físico aceptable? ¿Qué quiere decir esto? Que tú y yo podríamos vivir hasta los 120 años conservando una memoria en buen estado, con dentadura aceptable, desgastada pero completa, podríamos movernos por nosotros mismos y ser autosuficientes, pero no es así, el promedio de vida del ser humano es de 80 años y lo malo es que llegamos a los 70 pero con problemas para movernos, necesitamos de silla con ruedas; faltos de dientes, nuestra memoria en un estado deplorable.

¿Qué pasa entonces? Que no valoramos nuestro cuerpo, que lo descuidamos y lo tratamos como un objeto de venganza inconsciente.
Con respeto a tus creencias religiosas tomaré las palabras que Cristo dijo una vez: "Tu cuerpo es el templo de Dios"

Es momento de hablar del equilibrio. Existen personas que de manera exagerada atienden su cuerpo exterior sin preocuparse en el interior, hacen ejercicio de forma inhumana, dejan de hacer muchas cosas que les agradan sólo para mantenerse en forma para "lucir" su físico, comen cosas sin sabor para estar en línea, gastan mucho dinero en productos para su físico, o lo que es peor lo exponen con cirugías estéticas innecesarias solo por la necesidad de auto aceptación y aceptación de los demás y eso son algunos ejemplos.

Por otro lado existen personas que descuidan de forma exagerada su cuerpo, fuman, toman en exceso, se desvelan, comen alimentos que les hacen daño y abusan de forma negativa su cuerpo.

Te sugiero de nuevo el equilibrio, esto significa que no te descuides pero tampoco exageres en tus cuidados a tal grado que sea una atadura creando una necesidad emocional. Tu cuerpo es un templo divino, tu físico es la creación natural perfecta, atiéndelo, cuídalo pero no te vayas a los extremos. ¿Quieres saber de que forma puedes saber si estás desequilibrado en esta dimensión?

Bien, hagamos este ejercicio: en la intimidad de tu casa, desnúdate y párate frente a un enorme espejo.

¿Cuál es tu sentir cuando te ves? Ahora, ¿qué sientes al verte? ¿Qué emoción puedes describir? ¿Desesperación, tristeza o vergüenza?, eso es una buena señal que estás en desequilibrio.

Después de que pasé la tormenta de reclamos y rechazos, trata de verte ahora como un milagro, porque tu cuerpo así como está es un organismo perfecto que sólo ha hecho un buen trabajo para ti, ya que tu cuerpo solo es un vehículo de tu Ser, de tus ideas, de tus emociones, date cuenta de ello, tu físico te ha ayudado hasta el día de hoy, con sus fallas, con sus enfermedades, con su cansancio y con todo lo que tu quieras, te ha llevado hasta el día de hoy, te ha permitido hacer varias cosas, te ha servido en muchos momentos, ha sido un compañero al que tú no le has prestado mucha atención, le has exigido mucho, te has despertado muy temprano y te acuestas muy tarde y sólo le das un par de vitaminas, si bien le va para que rinda, tomas litros de café y comes sólo comida basura.

Podrás tener un cuerpo hermoso, tus formas o tus músculos podrán estar increíbles, pero cuando te observas en el espejo te sientes horrible, asco o desesperación. ¡Cuidado! Eso significa que estás en desequilibrio. La mejor forma de saber si estás bien es que cuando veas tu cuerpo desnudo frente a un espejo, tu sentir sea de tranquilidad, de paz, de satisfacción e incluso alegría y agradecimiento a ese maravilloso cuerpo.

Por otra parte, puedes hacer algunos cambios de manera natural para atenderlo mejor, algo que requiera atención como por ejemplo ejercicio, algún plan nutrimental, dejar hábitos mal sano, etc.

Vuelvo a repetirlo lo mas importante de esta dimensión es la auto aceptación de tu cuerpo, el sentirte bien y valorar ese cuerpo que te lleva a todos lados y que hasta ahora te ha acompañado, lo que corrientemente le llamamos el embace de tu Ser..

Estoy seguro que me dirás que conseguir estar feliz con tu cuerpo es algo difícil, y casi te daría la razón, ya que hoy en día la industria de la televisión y el cine nos han impuesto una moda de tener cuerpos delgados y bien formados, además que casi nadie está conforme con su aspecto, quien no se acepta físicamente se puede transformar entrando al quirófano sin importar los altos riesgos que conlleva una cirugía de ese tipo.

Casi nadie estamos conformes con nuestro físico. Pero la forma más segura de saber cómo estás en esta dimensión FISICA es ¿Tu cuerpo está enfermo? La enfermedad es una señal clara de saber si estás en desequilibrio. Ya que ésta dimensión es la que más refleja tu ser interior.

La enfermedad es un aviso de que algo está mal en nosotros, no es precisamente algo para reprocharnos ni de culparnos, la enfermedad puede sernos útil para mejorarnos y elevar nuestro entendimiento.

Un descanso tranquilo y de manera natural a tu cuerpo es algo muy justo y que nos merecemos. Ahora que estás frente al espejo mírate, date cuenta que no has sido muy justo el trato con él, imagínate si algún día él te fallara, ¿qué sería de ti? ¿Eso es ser justo con tu cuerpo?

Quiérete como eres, acéptate con los defectos, con las llantitas, con la barriguita, con la flacidez o con el color, ten en cuenta que puedes cambiar, cámbialo sanamente y lo demás acéptalo, eres así, con esas faltas o excesos, sólo Tú puedes aceptarte tal cual eres, no te preocupes de los demás sea quien sea, deja de lado a la televisión que te dicen cómo debes de estar porque según la moda "así debe ser".

Tú eres un Ser maravilloso que existe en este mundo, mírate de nuevo en ese espejo, imagina que esa imagen que ves es tu hermano o tu hermana gemela que te pide ayuda, imagina que te pide que le ayudes de la forma que esté a tu alcance, si puedes darle unos diez minutos de ejercicio, dáselo o que te dice no tanto tiempo de gimnasio, que es mucho el esfuerzo, por favor sólo con 30 a 45 minutos de ejercicio bastará un día sí y un día descansar.

¿Que te dice tu cuerpo? Tu cuerpo te esta hablando, escúchalo. Te dice que por favor si puedes de vez en cuando descansa, relájate, duerme a tus horas y trata de comer alimentos sanos. O te dice que ya no estés tanto tiempo tirado en cama, que te levantes, sal a dar una caminata tranquila, serena, trata de consentir tu cuerpo, cómprale unos zapatos cómodos, vístelo de manera cómoda.

Tú háblale, tratarás de ser compensador de las fallas que has tenido, que buscarás el centro medio y justo de la forma de vida, busca el equilibrio para que esté bien y pídele perdón.

En esos momentos tú serás tu testigo, tú serás el que quede comprometido con tu cuerpo para buscar el equilibrio natural que debería existir a tu medida, a tu forma de vida.

Si acaso te encuentras enfermo, por favor, te sugiero sigas con estas charlas contigo mismo para que puedas encontrar una respuesta a tu enfermedad, sé que sonará difícil para ti, pero si en este momento te encuentras con un cuerpo enfermo no te sientas culpable, ya sabemos el poder de las ideas, y las emociones y por favor no sientas que Tú eres una carga para los demás, tampoco te desesperes por no encontrar una salida.

No trates de luchar con tu cuerpo, llévate bien, sean buenos compañeros, aprende a escucharle, los dolores y enfermedades no lo califiques de malo, son señales que te dicen que algo esta mal y necesita tu atención, son como focos rojos de advertencia. Bendice el dolor y la enfermedad que te atormenta, y pide a tu poder superior te de luz y entendimiento para poder saber qué hacer y así lograr que esas enfermedades y dolores queden atrás. Ni tú ni yo tenemos la vida comprada y por lo tanto el dolor y la enfermedad siempre estarán allí, para nosotros, la muerte también forma parte de nuestro diario vivir, la salud y el bienestar se encuentran en los hábitos, el primero de ellos es pensar positivamente de tu cuerpo.

Escribe una lista de lo que NO ACEPTAS DE TU CUEPO Y POR QUE.

_____
_____
_____
_____
_____
_____

¿Cómo te sentiste con la lista de cosas que no te gustan de tu cuerpo? Mucho de estos odios, resentimientos, miedos e ira están en nosotros,

Te haré otra pregunta y espero que la contestes de corazón ¿Deseas cambiar tu forma de ver y sentir a tu cuerpo?

Escribe una lista de lo que deseas cambiar de tu cuerpo.

_____
_____
_____
_____
_____
_____

Mírate, tal vez ahora reaccionarás de forma diferente a la anterior, tal vez te veas con otros ojos, en este ejercicio pocos tienen la capacidad de hacerlo ya que a la mayoría nos han dicho de pequeños que la desnudez no es buena, pero Tú y Yo sabemos que lo harás para superarte, para darte cuenta de que vales más de lo que te han dicho y que eres un logro de Dios o de la naturaleza.

Ya casi para terminar esta dimensión te diré que al momento de aceptarte como eres, muchos te admirarán pero otros más te juzgarán, Tú sabrás a quienes escucharás y darás importancia. Si, así es, no des valor a las palabras negativas que reprueban tu nueva actitud, pero si no haces daño físico ni moral a nadie, entonces esas palabras son huecas para ti, no tienen fuerza ni valor para tirar lo que con trabajo has logrado.

Recuerda, sólo tú eres el Amo de tu sentir, sólo Tú eres capaz de seguir adelante, Tú eres el creador de tu felicidad. Nadie puede hacerte sentir mal si Tú lo permites. Por lo tanto Tú cuerpo es perfecto, con sus defectos y sus "VIRTUDES", ha sido un magnífico vehículo para tu Ser, para tus ideas, para tus aspiraciones, para aquello que yo entiendo como alma, mi cara es perfecta, mis ojos son perfectos, mis piernas y mis manos son perfectas por que han sido creadas por un poder que yo entiendo poco, y como ese poder superior sabe mejor lo que a mi me conviene, entonces me doy cuenta que mi cuerpo es lo que yo necesito para cumplir con mi misión en esta vida, y como entonces yo puedo cumplir con mi misión, puedo hacer una contribución a la humanidad.

Dios y el zapatero
Reflexión

Dios bajo al mundo disfrazado de pordiosero y se encontró con un zapatero, le dijo:

- ¿podrías ayudarme? estoy descalzo, no tengo zapatos si tú me hicieras el favor.

El zapatero lo interrumpió y dijo:

- ya estoy cansado de que todos vengan a pedir y nadie a dar, necesito mucho dinero,

Dios dijo:

- Yo puedo ayudarte

El zapatero dudando del mendigo le dijo:

- ¿Tú podrías darme el millón de dólares que necesito para ser feliz?

El pordiosero le respondió:

- Yo te puedo dar eso y más, dos millones de dólares a cambio de tus brazos.

El zapatero respondió:

- ¿Y para que quiero yo tanto dinero si no voy a poder ni comer solo, ni abrazar a mis hijos, a mi esposa? No, no.

El pordiosero dijo:

- Esta bien, ¡te doy cien millones de dólares a cambio de tus piernas!

El zapatero respondió:

- ¿Para que quiero yo tanto dinero, si no voy a poder caminar, ni trabajar, ni correr? ...No, no. Gracias

El pordiosero le dijo:

- Esta bien. ¡Te doy mil millones de dólares a cambio de tus ojos!

El zapatero sin dudarlo dijo:

¡NO! Para que quiero tanto dinero si no voy a poder ver la naturaleza, ni el sol, ni a mis hijos, ni a mi esposa... No, no. No gracias

El pordiosero le respondió:

- Ah, hermano, hermano, ¡QUE FORTUNA TIENES Y NO TE DAS CUENTA!

Conocí estas enseñanzas en el peor momento de mi vida, en un fin de semana comprendí lo que había vivido toda una vida, me di cuenta que somos lo que vimos, lo que nos dijeron, lo que creímos y lo que sentimos, el sistema de aprendizaje tiene una secuencia y en definitiva eres o te convertirás lo que pienses la mayor parte del día, quiero decir con esto que las programaciones infantiles impuestas o auto impuestas si son negativas y se convierten en limitantes, detéctalas y transfórmalas en tu formula ganadora.

Somos lo que creemos al final de cuentas, después de escuchar esa charla sobre la dimensión física, comprendí aun mas la importancia de estar físicamente sano, ya tenia cuatro años paralitico y lo recuerdo como si fuera una pesadilla, una pesadilla real que me comía el alma y mis pensamientos desequilibrados y negativos, me habían orillado a tomar una descabellada decisión antes de estar en ese curso, la decisión era que comenzaría a planear, la manera de quitarme la vida, por tercera vez y acabar con ese sufrimiento, El Dr. Sánchez seguía hablando, ahora adentrándose en la dimensión SOCIAL y esto fue mas o menos lo que escuche esa tarde de rompimiento de mitos y paradigmas mentales.

La dimensión física es un resultado de tus pensamientos dominantes naturalmente si en la dimensión mental se estaban produciendo un cúmulo de ideas negativas, mi cuerpo estaría produciendo una excesiva cantidad de toxinas que estaban envenenando cada unos de mis órganos. Aprendí que esta es la dimensión que inmediatamente conocemos, pues en esta dimensión se manifiestan los desequilibrios de las áreas anteriores. Es la "detectora" termómetro o víctima que nos enseña con claridad y muchas veces con mucho dolor los desbalances. Físicamente y a pesar de mi problema de parálisis todo mi cuerpo se encontraba enfermo. Pero ahora veía con más claridad las cinco dimensiones, ¿Cómo podría equilibrarlas para salir del engrama psicológico en que me encontraba? ¿Qué tenía que hacer para encontrar la salida a mi situación?

Ahora te pregunto: ¿Cómo tratas tu cuerpo? ¿Lo cuidas o lo expones inútilmente? ¿Lo tratas como si tuvieras un cuerpo nuevo en el closet?

1	2	3	4	5	6	7	8	9	10
Negativo									Positivo

CIRCULA Y EVALÚA TU DIMENSIÓN FÍSICA del 1 al 10

Dimensión Social

Una vieja frase dice que: EL HOMBRE ES UN ANIMAL SOCIABLE POR NATURALEZA, nos dice que el ser humano es un ser que necesita a otros seres humanos porque así es su esencia.

En esta dimensión aplica una pregunta:

¿CÓMO ME LLEVO CON LOS DEMÁS? Y al decir los "demás" entendemos a todas aquellas personas con las cuales compartes tu patria, o sea tú espacio vital, y en primer lugar estás Tú, tu familia, vecinos, tu trabajo, y por último aquellos quienes no conoces ni tratas.

Tal vez me digas, yo nunca he necesitado de nadie, yo sólo me he abierto paso en la vida y lo que piensas es que no necesitamos a los demás, en pocas palabras ¡Soy autosuficiente!

Respeto tu opinión pero déjame darte este punto de vista y después de que te lo diga, tú dirás si cambias o no de opinión.

Tú no naciste solo, Tú no pudiste haber nacido de la nada, ocupaste de dos seres humanos que te procrearan, después para desarrollarte NECESITASTE de tu madre que te diera cobijo dentro de su vientre, comer a través de ella y por fin cuando naciste, NECESITASTE de alguien más que te ayudara a bien nacer, ahora, después de nacido no podías valerte sólo, no podías caminar, ni hablar, en todo ese tiempo que te desarrollaste hasta alcanzar una edad en la que podías valerte por ti, NECESITASTE de que otros caminaran por ti, cargándote, necesitaste que alguien interpretara tus necesidades al no hablar, necesitaste de alguien que te diera de comer, de asearte, de arroparte. ¿Y ahora tú dices que eres autosuficiente, que no necesitas de nadie? Si nos criamos con personas con sentimientos heridos o experiencias negativas de la vida sin solucionar, lo más probable es que hayas heredado el mal genio de tu Padre o de tu Madre.

"Quien no sana a su propia historia está condenado a repetirla"

Te tengo noticias de que la mala actitud ante la vida no se hereda, se imita, y si tu te criaste con personas heridas, lo mas seguro es que Tú tengas muchas cosas pendientes en las que hay que trabajar, si no quieres repetir la historia.

59

Así es, en la dimensión social eres Tú y todos aquellos que están a tu alrededor, así que revisaremos la relación que tienes con todos, en especial con aquellos que forman tu entorno familiar.

1.- LOS PADRES: Estos son los primeros con quienes tenemos contacto después de nacer, es con ellos con quienes absorbemos toda su forma de ver y sentir la vida, es con ellos con quienes aprendemos a entender esto que llamamos vida. Son la base de nuestra formación como individuos. Con los padres suelen estar los más profundos resentimientos y miedos que guardamos dentro de nosotros, pero también pueden estar las más bellas y sentidas emociones de amor.

2.- LOS HERMANOS: Suelen ser las personas a las cuales tratamos después de los padres. En ellos también descubrimos diferentes formas de ser y sentir, ellos también representan un compañerismo íntimo de relación pero también suelen estar afectadas las relaciones hacia el odio, ira y resentimiento.

3.- AMIGOS Y COMPAÑEROS DE TRABAJO O ESCUELA: En este tipo de relación nuestra visión de la vida se expande, ya que en ellos encontramos formas de vivir diferentes a las de nuestra familia, es con ellos con quienes aprendemos nuevas formas de vivir, tanto de forma negativa o positiva.

4.- AMIGOS DEL BARRIO: Otra forma de relación en la cual nuestra forma de ver la vida se amplia, y ellos son el ejemplo más claro de cómo influyen en nuestra forma de vida, ya que la relación está cerca, la forma de vivir de nuestras amistades. Igualmente se aprenden muchas cosas, tanto positivas o negativas.

Podríamos seguir con la lista, por ejemplo, las relaciones sociales en la iglesia, en el club, en el bar, las redes sociales etc. Un tipo de relaciones alejadas y superficiales.

En la dimensión social es importante hacer notar que hay que encontrar ese justo medio para no caer en los extremos.

¿Tú me dirás de qué tipo de extremos estoy hablando? Pues cuando dejas a tu esposa esperando para la cena de aniversario ya que Tú te fuiste al bar con los amigos de la oficina. Te hablo de cuando llega tu marido a comer a medio día y no le has hecho nada porque estuviste todo el día chismorreando con las vecinas. Te hablo de cuando dejas a tus padres preocupados al ser la una y media de la mañana y tú estabas con tus amistades bebiendo cerveza. Te hablo de cuando te pasas todo el día encerrado en tu casa sin salir, por que no tratas a nadie. Te hablo de cuando asistes poco a tu casa a causa de estar con compromisos sociales constantes y no hacer vida hogareña.

Te hablo de descuidar los valores y atenciones, crear experiencias agradables con tus hijos, tu pareja, consentirlos, darles tu amor y compañía ahora que los tienes.

Te hablo de eso, de buscar el justo medio, de no vivir encerrado por que no conoces a nadie o de no vivir en fiestas y parrandas, trabajo y estar ausente de tu hogar por que vives para otros que no son de tu familia.

Buscar el justo medio es tener tiempo para tu familia, para tu trabajo, para tus vecinos, para los amigos de la escuela sin que nadie de ellos te reclame por estar ausente. Por desatenderlos por estar en las redes sociales, enfocando tu vida en una pantalla, de eso hablo, de saber repartir tu vida social en porciones que puedas disfrutar y de que los demás te disfruten y dar prioridades.

Pero como dicen: eres "candil de la calle y oscuridad de tu casa", te diviertes y gozas fuera de casa y dentro de ella eres lo contrario y te vuelves en un Ser incongruente.

Formula las siguientes preguntas: ¿Trato a mis hermanos como desconocidos? ¿Trato a mis padres con vergüenza? ¿Mis amigos son más importantes que estar en casa con mi familia? ¿Trato a mis amigos como hermanos? ¿Cuántos amigos tengo? ¿Cuánta familia tengo? ¿Cuándo fue el último fin de semana que estuve con mi familia en la comida de domingo? Respóndete Tú mismo, cuales son tus extremos, tus lados opuestos y trata de encontrar el equilibrio para compensar con balance.

Ahora, ya que has buscado en ti, cuáles son tus extremos, es tiempo de buscar razones más profundas, de tratar esta dimensión de la vida social.

Aquí la clave es ver el auto concepto, como te vez Tú ante los demás, no como te ven los demás, aquí la idea de ti es lo mas importante, porque de acuerdo a eso la interacción con los demás tendrá una actitud, un efecto y resultado.

¿Estas ideas impulsan o limitan tu vida social? ¿Cuales son estás ideas que tienes? ¿Te llevan hasta los extremos? ¿Te hacen muy sociable o te hacen muy distante de los demás?

Necesitas de nuevo saber dónde te encuentras, sólo así sabrás hacia dónde te quieres dirigir y sabrás por qué camino andar.

Observa la vida social que llevas, principalmente con aquellos que son tu familia, tus padres, tu pareja, tus hijos. La familia es la célula principal donde nacen las relaciones sociales. Algunas veces somos buenos con personas equivocadas, solemos ayudar a "AMIGOS" que al final te das cuenta que el único amigo fuiste Tú.

MIS CREENCIAS Y EXTREMOS EN MI DIMENSIÓN SOCIAL SON:

_____
_____
_____
_____
_____

No tenemos el poder de cambiar a la gente, el hecho de alejarte algunas veces de la gente toxica mejora tu vida, otra opción es aceptarlos, te ayudara si ves en ellos sus virtudes, has el esfuerzo y aunque Tú creías que ellos no podían tener cualidades, en realidad las tendrán o aprenderás como no hacer las cosas y te sentirás mucho mejor, sobre todo si analizas ¿Que tienen ellos que te molesta tanto que se parece tanto a ti? ¿Qué sentimientos y emociones te provocan? ¿Te recuerdan a alguien que te lastimo? ¿Son las personas mas cercanas a ti las que te han lastimado?

Ahora, respira de nuevo, trata de darte cuenta de dónde estás, de cómo te encuentras en esta dimensión.

Todos somos uno y uno somos todos...
La unión hace la fuerza...
Tú eres otro yo...
Todos emanamos del uno y un día seremos de nuevo uno...
Yo soy otro Tú...
Diferente, único y original, como Tú.

Estas y muchas otras frases las encontramos por donde quiera, nos dan a entender que hay algo muy superior que nos une, nos hace más fuertes, nos permite ver a los demás con afecto, con amor, tus problemas son mis problemas, mis problemas pueden llegar a ser tuyos también y cuando alguien nos pide ayuda no podemos ser indiferentes, pues no sabemos cuando se nos ofrecerá o por el problema de otra repercute el daño en mi.

La culpa no es de la vaca
Reflexión

Un ratón, mirando por un agujero de la pared, vio al granjero y su esposa abrir un paquete.

Quedó aterrorizado al ver que era una trampa para ratones!

Fue corriendo al patio a advertirle a todos.

"¡Hay una ratonera en casa! ¡Hay una ratonera!"

La gallina, que estaba cacareando y escarbando, le dijo:

"Disculpe Señor ratón, yo entiendo que es un gran problema para usted, pero a mí no me perjudica en nada".

Entonces fue hasta el cordero y le dijo lo mismo: "Disculpe, Señor ratón, pero no creo poder hacer algo más que pedir por usted en mis oraciones".

El ratón se dirigió a la vaca y ella le dijo:

"Pero acaso estoy en peligro? Pienso que no".

El ratón volvió a la casa, preocupado y abatido para encarar a la ratonera del granjero.

Aquella noche se oyó un gran barullo como el de la ratonera atrapando su víctima.

La mujer corrió a ver qué había atrapado

En la oscuridad ella no vio que la ratonera atrapó la cola de una serpiente venenosa. La serpiente veloz mordió a la mujer.

El granjero la llevó inmediatamente al hospital, ella volvió con fiebre alta.

El granjero, para reconfortarla, le preparó una nutritiva sopa; agarró el cuchillo y fue a buscar el ingrediente principal: la gallina.

Como la mujer no mejoró, los amigos y vecinos fueron a visitarlos; el granjero mató al cordero para alimentarlos.

La mujer no mejoró y murió; el esposo vendió la vaca al matadero para cubrir los gastos del funeral..!

La próxima vez que alguien te cuente su problema y creas que no te afecta por que no es tuyo y no le prestes atención, piénsalo dos veces, el que no vive para servir no sirve para vivir.

El mundo no anda mal por la maldad de los malos, sino por la apatía de los buenos. Así que cuando alguien necesite de ti por sus problemas tiéndele la mano o dale una palabra de aliento...

No cabe duda estamos conectados, lo que te afecta a ti me afecta a mi.

Muchos tenemos la idea de que aquel que piense de forma diferente a la mía, es inferior a mi, o es mi enemigo. Que aquel que tiene una apariencia diferente a la mía, lo considero inferior. Aquel que viste de forma diferente es inferior. La persona que habla diferente a mi lengua, es inferior. Aquel que tiene otra forma de adorar a Dios es inferior a la forma de adoración mía. Y así por el estilo, todas aquellas personas que son diferentes a mi forma de vida, de hablar, de sentir, ¿cómo las trato? Las desprecio y las hago a un lado de mi vida con indiferencia?

Una persona con valores y salud mental trata bien a otras personas, de la manera como tratas a los demás es el reflejo de tu interior.

Esa es la forma de vida de muchos de nosotros, damos amor y comprensión a aquellos que se parecen a nosotros pero damos nuestro odio a las personas que no se parecen a nosotros.

Cual es tu umbral de TOLERANCIA, ya que si no podemos convivir con paz y armonía podemos ser tranquilos hacia ellos, con la paciencia que sólo brinda el autoconocimiento.

Lo que quiero que comprendas es que aprendas de que todo lo que veas, escuches y actúen de aquellos que son diferentes a ti, así que sácale provecho, ¡Te conviene!

Acercarte a personas que tienen diferentes costumbres, de pensar, de vivir, de comer y sin hacer compromiso con ellas puedes tomar lo que te gusta. En cambio aquellas cosas que no te gusten pues simplemente las echas en saco roto y sin juzgar, te evitarás discusiones y malos entendidos.

Echar experiencias al saco roto, significa que en la vida no debemos cargar con las malas experiencias o cosas que nos disgustan de la vida, de otras personas y las percepciones negativas acumuladas en tu existencia, que solo sean experiencias que se quedaron en el saco de tus recuerdos agradables, mientras que en el saco roto de tu vida dejaste ir los desprecios, las ofensas, los malos ratos, de esa manera no lo cargas, porque lo que cargas te pesa, y tarde que temprano terminara hundiéndote.

Atrévete a decir NO cuando quieras decir NO. Atrévete a decir SI cuando quieras y sientas decir SI. Esto es muy sano, siempre y cuando haya tolerancia, armonía y conciencia. No te comprometas con la forma de pensar de los demás, ni te eches compromisos pesados cuando otra persona te invite a hacer o pensar cosas que no te gusten. De todo corazón di con toda confianza SI o NO.

La dimensión social del Ser humano, o sea de Ti y de Mi, es valiosa también por que te permite jugar diversos roles de la vida.

Con esto me refiero a lo siguiente: Como hijo, aprendes a jugar el rol de ser hijo. Como padre de familia, aprende el juego o el rol de ser padre de familia. Como empleado de una empresa, juega el juego del empleado. Si eres persona casada, juega con libertad el juego o rol del esposo o esposa. Si eres de cierta religión, juega con gusto el juego de ser seguidor de esa fe. Si eres jefe de una empresa u oficina, aprende a jugar el juego de ser líder, ¡PERO SIEMPRE JUEGA LIMPIO!

Todos los juegos son buenos siempre y cuando LOS QUIERAS JUGAR y siempre y cuando LOS JUEGUES CON RESPONSABILIDAD. Aprender a jugar los roles de la vida te llena y te hace completo, ya que el auto cumplimiento es lo mas importante.

¿Qué es el auto cumplimiento?, sencillamente algo que Tú te prometiste a Ti mismo y lo lograste. Cuando asumes el juego, tu papel en el, tendrás DERECHOS y OBLIGACIONES. Si quieres exigir tus DERECHOS es porque has cumplido con tus OBLIGACIONES.

Jugar los juegos conscientemente es disfrutarlos, sacarles el provecho al máximo.

Si en un juego que quieras entrar te das cuenta que no puedes con el papel, entonces por tu bienestar y el de los demás jugadores no aceptes jugar. NO ACEPTES EL COMPROMISO.

Si juegas un juego donde tu papel no lo puedes cumplir, entonces es falta de RESPONSABILIDAD de tu parte, COMO RESULTADO los DERECHOS Y BENEFICIOS no te corresponderán.

Vayamos por partes. La RESPONSABILIDAD es la capacidad que tienes de responder por ti mismo, recuérdalo.

Pero igualmente, si se cumple muy bien las responsabilidades e incluso más de lo requerido, entonces habrá premios o reconocimientos.

Esto también se aplica en todo, en el tránsito, en la oficina, como ciudadano de tu país, o de tu ciudad, cumple, si no serás sancionado. El ser jefe o juez del juego implica también premios, sanciones, castigos y derechos como los demás jugadores.

En ese momento recordé como me afectó mi enfermedad en mi vida social, cuando regrese a México, fracasado y enfermo y deje de jugar varios roles por estar muerto en vida.

Desde que llegue a mi casa tenia una depresión severa, le pedí a mi madre que no mencionara a nadie que yo había regresado, no quería ver a nadie, mi vida social estaba por la calle de la amargura, no quería que me viera alguien en ese estado de fracaso en todas las áreas de mi vida, nadie me visitaba, pasaba días y noches metido en un rincón de un cuarto, solo tirado como un tronco viejo inservible, sintiendo que era una carga para mi familia, durmiendo día y noche en lo que ahora es el closet mas grande de la casa, tratando de planear la manera de quitarme la vida, de vez en cuando una de mis mejores amigas -Silvia- me visitaba y me daba ánimos.

Días antes del curso el Dr. Salvador Sánchez me dijo, "Tendremos un tratamiento muy largo para que te puedas curar".
¿Dentro de mi dije, y como voy a pagar? Pues en casa no tenemos dinero, que con trabajos teníamos el pan de cada día.

"Tenemos que hacerte una Resonancia Magnética o una Tomografía Axial Computarizada para determinan los daños, creo tienes dos hernias de disco intervertebrales centrales", menciono el Dr. Sánchez.

"Te voy a dar la orden para que te hagas el examen y te voy a canalizar con un cirujano, un traumatólogo y un ortopedista para que realicen la cirugía y pronto volverás a caminar".

En la siguiente cita con el Dr. Sánchez le mencione que ya tenia el dinero para el estudio me dijo "Ya te hice un estudio de mi parte, manejo una ciencia que se llama kinesiología, el cuerpo habla, tienes dos hernias de disco centrales en L4-L5, pero son muy peligrosas pues tus hernias no están por los lados de tu columna sino dentro de ella, por eso muchos doctores en Estados Unidos no te han podido curar, pues esas cirugías tienen 80% de riesgo que no te levantes jamás, pero bueno ya lo veremos mas claro con el estudio".

El estudio se llevo acabo y para unos cuantos días ya estaba cara a cara con el cirujano, me puso las cartas sobre la mesa.

-"Tienes 2 hernias de disco centrales, están presionando la ramificación nerviosa de tu columna vertebral, requieres de una cirugía que duraría mas o menos 10 horas en quirófano, ya que son dos hernias te voy a dar un especial, te voy a cobrar solo por una. Sentí un mareo que casi caigo de la silla. ¿Y cómo cuánto cuesta esa operación? Pregunté.
"Mmmmm con todo te sale como en $100,000 pesos mexicanos".
-¿Y me garantizas que caminare? -"Bueno, tu sabes que todas las operaciones tienen su riesgo por muy pequeña que sea, tenemos que contratar un anestesiólogo y te recomiendo que contrates un neurocirujano, te puedo recomendar al mejor, ya que no creo que pueda hacerlo yo solo, las hernias que tu tienes son centrales, hacia el centro de la columna vertebral.

Tal y como lo dijo desde el primer día el Dr. Sánchez. Era increíble, estaba en una mesa de negociación para caminar de nuevo.

-¿Y en cuanto tiempo podré caminar si todo sale bien?
-"En seis meses aproximadamente, después de la operación tendrás que ir a rehabilitación y creo que podemos hacer que camines de nuevo".

Salí con un problema y una solución, en que me enfoco me dije dentro de mi, no tenia opción, en la solución, tendría que conseguir ese dinero a como diera lugar.

Llame algunos familiares y amigos y reuní la mitad del dinero en tiempo record e hice una cita con el doctor.
"¿Tengo la mitad de la cantidad crees que con esto me puedas operar y cuando me cure te pago el resto"? "Prepárate para el lunes en la mañana entraras a quirófano, dijo él cirujano".

Ese fin de semana me puse muy nervioso de saber que el lunes para medio día mi espalda estaría abierta y jugándome la oportunidad de caminar de nuevo, esa posibilidad no me dejo dormir las siguientes noches, me sentía como un capullo de mariposa que está a punto de reventar.

Llego el lunes por la mañana y en menos de que te lo cuento ya estaba en la plancha de operaciones, con todos los tubos y aparatos conectados, se acerco el anestesiólogo y comenzó hablar conmigo, ¿cómo te llamas? ¿A qué te dedicas? Las preguntas fluyeron y cuando menos acorde ya tenia el oxigeno y la anestesia comenzó hacer efecto perdí el sentido en menos de diez segundos.

Desperté como a las ocho de la noche estaba solo en la habitación, no recuerdo cuanto tiempo me paso tratar de recordar donde estaba, ¿quién era? ¿Por que no me podía mover? Traté de moverme y sentí como un fuerte dolor en mi espalda, ahí recordé que estaba haciendo, quien era y que ese día fue el gran día de mi cirugía.

Presione el botón para pedir asistencia y en menos de cinco minutos una enfermera entro al cuarto, con su impecable bata blanca y una sonrisa a flor de labio me pregunto -¿Cómo te sientes?
-"No sé, acabo de despertar, le contesté", ¿sabes cómo salió la cirugía, pregunté? -"Tengo entendido que fue todo un éxito, duro cerca de diez horas". -"Diez horas, espero que todo este bien, siento mucho dolor".

A la mañana siguiente entro el doctor a mí habitación y me pidió, que me incorporara, le dije "Me duele mucho". "Debes intentar caminar ya", me dijo. Ya, ¡pero si ayer fue la operación! "Y hoy comienza la rehabilitación", respondió.

Más de cuatro años en cama me convirtieron en un torpe y miedoso para caminar, dar el primer paso fue algo doloroso, no podía contener las lagrimas de tantas emociones encontradas y un inmenso dolor de espalda.

Cuando me incorporé me di cuenta que tenia que aprender a caminar de nuevo, las cosas marchaban bien.
Apoyado de las muletas comencé a dar mis primeros pasos, me veía en el espejo y me imaginaba como un niño de un año que apenas comienza a caminar, a la semana siguiente puede dar mis primeros pasitos, los ojos se me llenaban de lágrimas, por el dolor y la emoción de poder caminar de nuevo.

El Dr. Salvador Sánchez se encargó de la rehabilitación y a los pocos días le tuve que dar una noticia.

-"Voy a suspender la rehabilitación, pues ya no tengo dinero para pagar".

-"Tú no puedes suspender la rehabilitación, estas llegando a la meta y suspendes lo que te está dando resultado, de ninguna manera, te voy a seguir atendiendo y cuando te cures y puedas caminar te vienes a lavar los baños de la clínica, limpiar los pisos y con eso me pagas"

La propuesta era en serio y yo no tenia otra, le dije que si sin vacilar.

"La falta de dinero comienza en la manera de pensar de cada uno de nosotros, en nuestras programaciones"

El DINERO, esa dimensión tan poco alcanzable para mas del 97% de la gente que vive en este mundo, los problemas de dinero para muchos son punta de lanza para tener problemas que no tienen que ver con el dinero, esa dimensión económica que muy pocos conocen los secretos que hay en ella, relaciones amorosas, familiares, compañeros de trabajo, Jefes, etc. Así que ahora tenía un panorama más claro, el porque me había convertido en una persona negativa para los demás, aunque de manera inconsciente parecía que andaba buscaba aceptación y condolencia de los demás, ¡pues claro, estaba enfermo! Socialmente era imprescindible darle una revisada a esta dimensión. Ahora estaba entendiendo mejor las cosas.

Ahora te pregunto: ¿cómo es tu relación con la gente que te rodea? ¿Qué relación tienes con tus padres? ¿Tus hermanos? ¿Tu pareja? ¿Tus Hijos, si los tienes? ¿Compañeros de trabajo? ¿Cómo actúas en el trafico?

1	2	3	4	5	6	7	8	9	10
Negativo									Positivo

CIRCULA Y EVALÚA TU DIMENSIÓN SOCIAL del 1 al 10

Dimensión Económica

Esta dimensión es fiel reflejo de cómo está nuestro ser interno, ya que es donde culmina un proceso de autorrealización material. Es en esta dimensión donde podrás comprobar que el dinero es una cosa, la prosperidad es otra cosa y la abundancia es algo diferente.

Esto quiere decir que el tener mucho dinero no implica que seas próspero o aquel que tiene mucha abundancia no precisamente tendrá mucho dinero, pero si hay quienes lo tienen todo, el dinero, la prosperidad y la abundancia. Te Pregunto: ¿Aspiras a controlar y experimentar estas tres formas de ver la economía?

A lo largo de este proceso de la explicación de las dimensiones anteriores me pude dar cuenta de que el ser humano es más que un cuerpo físico.

Pues bien, el dinero que tienes en tu cartera, es más que un círculo de metal o un rectángulo de papel, ya que posee una energía que lo hace valioso, que le da vida. Así es, el dinero en sí es energía hecha billete, es una energía hecha metal, es el valor del el esfuerzo para ganarlo.

¿Has visto que cuando un río deja de correr este se estanca y se hace pestilente? Pues así es el dinero, tiene que fluir, tiene que moverse, por que es esa una de sus facultades, sería como para nosotros el respirar, si no respiras mueres, así es el dinero, si no circula, se estanca, se devalúa y muere. ¿Dejas que el dinero fluya con un sentido de inversión? O te le apegas y lo sujetas con tal fuerza que no lo dejas ir? o ¿Lo gastas en exceso y lo pierdes?

Lo que importa es lo que puedo hacer con el dinero, me importa el aspecto espiritual del dinero, el esfuerzo con el que se gana, esa energía del esfuerzo es lo que lo hace valioso, ya que saber manejar esa energía hace que seas próspero y la abundancia llegue en ti.

Tal vez te sorprenda que te diga que el dinero tenga un lado espiritual, si todos nosotros tenemos la idea de que el dinero no hace la felicidad, de que el dinero es la causa de muchos males, de que el dinero es malo, de que los ricos no son felices, de que el dinero hecha a perder.

Primeramente tenemos que abordar el tema de las ideas que nos programaron nuestro medio ambiente.

Todas esas ideas que se han quedado dentro de nosotros contaminando la forma que percibimos al dinero.

Por ejemplo cuando eras pequeño o pequeña, tus padres pasaban por una etapa difícil económicamente, y cuando les pedías para un dulce, una libreta, o algún juguetito ellos te decían: "NO HAY DINERO" Tiempo más adelante te lo repetían: "NO HAY DINERO", y tiempo después sin darse cuenta esa frase de NO HAY DINERO se quedó grabada en tus padres y ahora ellos se encargaron de programarte la idea y hoy sufres económicamente porque NO HAY DINERO. ¡Y es cierto! se te escasea, ANDA UNA CRISIS FEA y cuando más lo necesitas NO HAY! ¿Te ha pasado?

Hoy, en día ¿esas mismas frases le dices a tus hijos? ¿O a ti?
O tal vez de pequeño tomaste una moneda y como todos los niños te la echaste a la boca y ZAZ una palmada en tu mano con la frase: ¡DEJA DE METERTE ESO A LA BOCA, QUE EL DINERO ESTA SUCIO!, dicha con intensión molesta y con una palmada fuerte, esa frase se te quedó tan grabada en tu subconsciente que hoy en día cuando el dinero llega a ti tratas de deshacerte de el porque inconscientemente ESTA SUCIO.
Hoy en día también les das palmadas en las manos de tus hijos cuando tienen dinero que están a punto de ponerlo en su boca y le dices lo mismo que el dinero está ¡SUCIO! y esto sucede de manera automática.

Hoy en día a pesar de que tienes un buen sueldo, que recibes una buena paga, el dinero por extrañas circunstancias ¡NO TE ALCANZA! Haces todo lo posible y planeas los pagos, pero al final te quedas a medias porque el dichoso dinero ¡NO TE ALCANZA! Es curioso cómo este tipo de ideas que nuestros padres nos PROGRAMARON sin darnos cuenta gobiernan nuestros pensamientos y acciones y por lo cual sufrimos.

Responde dentro de ti o escribe en tu cuaderno las siguientes preguntas ¿recuerdas de qué forma tus padres y/o mayores se referían al dinero? ¿Recuerdas de cómo le decían al dinero? ¿Estas ideas de tu infancia se parecen a las que hoy en día tienes?.

Analiza las siguientes preguntas: ¿Cuál es tu problema frente al dinero? ¿Se te escasea? ¿No te alcanza? ¿O gastas tan rápido que te asusta? ¿Te es difícil conseguirlo? ¿Cuando tienes dinero lo guardas y lo escondes? ¿Tienes dinero guardado en casa y no lo gastas hasta que es absoluta y completamente necesario? ¿Te da miedo y pánico el sentirte sin dinero? ¿El dinero determina tu estado de ánimo?.

Ahora es momento de escribir todas tus CREENCIAS negativas que tienes con el DINERO y de donde proviene esa programación.

_____
_____
_____
_____
_____
_____
_____
_____
_____
_____

Claro que cuando uno NO trae consigo dinero y lo necesitas, es normal que uno se siente mal emocionalmente, pero puedes controlar tu desánimo, desgraciadamente la mayoría de nosotros tendemos a agredir a los demás o agredirnos a nosotros mismos cuando no tenemos dinero, es esa agresión la que nos dice que algo dentro de nosotros anda mal, ya que tú puedes controlar tu estado de ánimo y puedes dejar de reaccionar cuando la economía anda mal.

Sin embargo, conozco gente que cuando no trae dinero están como si nada, ya que están confiados en que algo se les presentará que les dejará el dinero que necesitan, se dan cuenta que la agresión no los conduce a nada, al contrario, les corta más el flujo normal del dinero, el dinero en ellos si influye en su ánimo pero no les determina su estado.

Hay de otro tipo de personas, que cuando trae dinero se vuelven muy irritables, presumidos y como si fueran de otro mundo.

El dinero para muchos genera culpabilidad de rico o agresividad de pobre, existen gente de mucho dinero que están en la pobreza en otros aspectos y gente que apenas si tienen para pasar el día, pero son ricos y abundantes en otros aspectos, como salud, familia, amor, sin embargo el desequilibrio se presenta cuando andan en diarrea o estreñimiento económico!

Responde dentro de ti o escribe en tu cuaderno las siguientes preguntas ¿Qué es lo que detiene el flujo normal del dinero en tu vida? ¿Qué hace que el dinero no llegue a ti?, todo eso tiene una respuesta clara y definida, la verdad consiste en que no has perdonado al dinero y no te has perdonado.

Durante muchos años me considere una persona pobre, porque tenia una idea negativa del dinero y tenia que perdonarme, pero ¿Puede el perdón atraer riqueza en mi? ¡Claro! Cuando tenemos dentro de nuestro ser odio, coraje, miedo, resentimientos con personas, en especial con parientes y familiares, estos sentimientos rompen nuestra capacidad de crear e interfieren nuestra conexión con la motivación, no hay fluidez en la energía que hay en nuestro cuerpo, después la energía se estanca y comienza a enfermarnos tanto en mente, en cuerpo y espíritu, hasta que por fin contagia nuestra fuente de riqueza y de prosperidad.

El guardar odios, corajes, resentimientos, miedos y demás, nos encierra y nos aísla de todo, tal vez el dinero llegue pero no crea el efecto deseado en nosotros.

Somos parte de una abundancia que creo este planeta, el aire, los mares, existe abundancia en el infinito, es la energía viva que nadie se preocupa si alguien se terminara todo el oxígeno o toda la arena del desierto o el agua del mar, la razón por que nadie envidia que otro respire.

Es aquí donde comienza la abundancia, un sentimiento donde no existe la envidia, ni la mala Fe si alguien le esta yendo bien, conectémonos con esa energía infinita y noble, alimentémonos de ella, cuando estamos llenos de ésa energía y sensación de abundancia, nos sentimos plenos, ricos, sanos y en paz. Sólo entonces el dinero fluirá como debe de ser y experimentaremos la prosperidad.

Pero cuando los sentimientos de odio, ira, miedo y resentimiento permitimos que vivan en nuestro Yo interno, estos bloquean la fluidez económica, entonces nos pasa como cuando las plantitas se quedan sin agua, nos secamos hasta morir.

Sólo el perdón nos puede revivir, sólo el perdonar destaparía de nuevo aquello obstruido y sólo entonces veríamos maravillas en nuestra vida económica, REPITE EN VOZ ALTA la siguiente declaración.

"YO PERDONO TOTALMENTE LA CREENCIA NEGATIVA QUE TENGO SOBRE EL DINERO Y DECLARO EN MI VIDA LA ABUNDANCIA"

Estamos reprogramando la mente, imagínate cuantas veces tuviste que escuchar lo mismo para que se convirtiera en un patrón mental, llegando a formar complejos y recuerda que somos el reflejo de nuestros complejos y programaciones infantiles.

"Rico no es aquel que más tiene, si no el que menos necesita"

Se agradecido con lo que tienes, el ser agradecido atrae más prosperidad, cuando cortamos el agradecimiento en nuestra vida es como si cerráramos el flujo de bendiciones.

La pobreza no está en la cartera, sino en tu mente mal programada. Perdona a todo y a todos, el perdón libera y al ser libres verás la riqueza en ti y en los demás.

"El que con lobos anda a aullar se enseña", dice el refrán. El que anda con gente próspera a ser próspero se enseña. El que con mediocres anda a ser mediocre se enseña. Pero aquel que se enseño a ser rico, por justicia necesita enseñar a los mediocres a deshacerse de su mediocridad, claro, si ellos lo desean, así que elige a las cinco amistades que influenciaran en tu vida correctamente en cuestión del dinero.

Es importante, cambiar tu mentalidad hacia el dinero, transforma tu sentir frente a él. Aprende a conocerlo de forma espiritual. La riqueza se nos da y se nos quita para que entendamos la diferencia y el poder de las creencias sumándole actitud acción y resultados. Ahora te toca elegir en qué lado quieres estar. Es el momento de cambiar tus creencias.

Las creencias sobre el dinero las tenemos muy arraigadas. Son como una mala hierba cuyas raíces están muy profundas dentro de nosotros, están sujetas con fuerza en tu mente, este tipo de ideas son difíciles de sacarlas, y cuando se sacan hay que llenar ese vacío con cosas positivas, ya que si no se hace se llenará de ideas negativas.

Responde dentro de ti o escribe en tu cuaderno las siguientes preguntas ¿Eres un rico que se siente pobre? O ¿Eres alguien pobre que suspira y suspira que el dinero le llegará a la puerta de su casa? En todo caso la clave del éxito es el TRABAJO INTERNO Y EXTERNO, el trabajo como tu oficio, tu profesión, tu medio de ganarte la vida, y el trabajo basado en desarrollo personal y de talentos, en entrenarte para desarrollarte en lo que amas, y que lo hagas tan bien que todavía te paguen, dicen que aquel que vive o que hace lo que no ama al final de cuentas es un desocupado, pero vamos más allá del trabajo en si. Sólo Tú sabes hacer alguna cosa o alguna actividad que nadie más puede hacer como tu lo haces. Es por eso que quiero que veas en ti aquellas cualidades y habilidades que Dios te dio. Estas habilidades serán para ti una puerta abierta para que puedas triunfar o complementar tu triunfo en la vida. Claro que es importante estudiar una carrera, eso no lo niego, pero son las habilidades que te hacen mejorar tu vida.

Conozco médicos que hoy en día viven de vender comida. Conozco ingenieros que viven en la riqueza gracias a que saben pintar. Sé de mujeres que teniendo carreras universitarias se ganan la vida tejiendo cosas maravillosas y ganando el suficiente dinero como cualquier otra profesionista. Descubre en ti cuál es tu mejor habilidad y trata de cultivarla, de complementarla, de hacerla trabajar para ti. Busca en tu interior, pasarán tal vez horas o días o algunas pocas semanas y de pronto la respuesta llegará a ti, un consejo que te puedo dar es que tus mayores talentos están ocultos en cualidades que te limitan, que te lastiman o que simplemente sufres de una deficiencia.

Te quiero contar una historia real, de un niño que tenia una voz tan molesta, aguda y difícil de soportar que sufrió de bullying, bromas pesadas, carcajadas en su cara, imitaciones al hablar y hasta apodo le pusieron en su casa, lo llamaban "LA VOZ DE PITO", porque su voz era similar a un silbato corriente hecho artesanalmente, que en muchos países lo conocen como pito, este niño al sentirse atacado dejo de hablar.

Se limitaba hablar solo lo necesario hasta que un día, a las 12 años decidió tratar de cambiar su voz y al hacerlo cambio su destino, encontró un libro viejo en las cosas llenas de polvo de su Papá y comenzó a leerlo en voz alta, allá en el campo, arriba de un árbol donde no lo escuchara nadie, una y otra vez, por 5 años consecutivos hasta logro afinar su voz, no solamente logro encontrar el tono agradable, sino que desarrollo una destreza con su voz que podía imitar diferentes voces al hablar, y su lectura impecable, pues al practicar tantas horas que se volvieron días y después semanas, para luego ser meses y luego años de preparación empírica, lo llevo a ese niño ya de adulto a ser una de las voces mas escuchadas en la radio y televisión a nivel internacional.

Voz comercial, de las cadenas de radio y televisión mas importantes del continente, voz oficial de CNN en español radio para 26 países, Telemundo y cientos de estaciones mas contratan sus servicios para identificar y producir contenido de identidad, fue y es vocero de cientos de marcas internacionales y es de los actores de voz comercial en español mejores pagados en Estados Unidos.

Este niño del que estoy hablando es tu servidor Héctor Herrera.

Comencé a trabajar a las 8 años en una procesadora de maíz donde hacían tortillas después de la escuela por decisión propia, fui tapicero, mecánico, vendedor, locutor, banquero, talento y productor. Todo, lo hice con pasión, donde mi mayor competencia era yo mismo, esos son mis complementos, pero mi Misión de vida la encontré en el lugar menos pensado, en el tiempo adecuado y vivir el proceso desde el punto de vista de paciente y no de experto, para después llegar a ayudar a miles de personas y poder sanar sus emociones.

Ese habito de competencia personal me llevo alcanzar los mas altos puestos y salarios en las empresas que me han contratado, pero solo fueron mi complemento ya que me directriz es llegar a ser un SANADOR EMOCIONAL, ya que era lo que yo necesitaba.

Te cuento esto porque te lo quiero poner en un contexto en el cual me encontraba con menos herramientas que una persona normal, tenia que dar el extra en varias cosas de mi vida si realmente deseas algo, trabaja con pasión para obtenerlo.

Con esta historia solo quiero poner de testimonio personal, que cuando detectas una parte débil de tu vida si pones tu enfoque y trabajas para que esa parte débil no te siga atormentando, descubrirás valores ocultos, como el genio de la lámpara, solo tienes que frotarla, entrenarte, creer en que superaras ese conflicto que te hace débil y que al enfrentarlo corres el bendito riesgo de convertirlo en una de las áreas mas fuertes de tu vida.

Tanto que descubras tu pasión y esa pasión te de comer, es decir que vivas de eso que antes era tu mayor reto.

¿Cómo y de que manera estas enfrentando tus miedos?

Compleméntalo, si tienes un buen trabajo, pues compleméntalo, trabaja sus horas y cultiva tu habilidad en otro horario. Haz lo que a te gusta, cultiva tu pasión, de verdad créelo te convertirás en un experto simplemente porque lo disfrutas hacer, tal vez esa habilidad no te llene de dinero, pero te dará satisfacción plena, te elevara tu autoestima y te sentirás en paz contigo mismo; si además de la satisfacción te deja dinero, eso es vivir tus sueños.

Agradece, la forma de tener prosperidad es ver lo que posees y ser agradecido por tenerlo. Tal vez veas tu automóvil ya con algunos años encima, pero agradece que lo tienes, ya que te sirve de mucho y cumple con su misión: llevarte y traerte a donde deseas, ese auto es tu riqueza por el momento. Tal vez tu casa o departamento no sea tan amplio, tan cómodo o tan bello como lo deseas, pero lo tienes por este momento, cumple con su misión: ser un espacio de intimidad, que te da cobijo y te cubre de los elementos como el frío y la lluvia, es tu patria, es tu mundo. Se agradecido con ello, da gracias por tener un techo, pensando en la siguiente meta.

El ser agradecidos nos pone en un lugar privilegiado, te hacer ver lo que tienes y no te dabas cuenta de ello, por ejemplo tu salud, tus hijos, tu familia, tus manos, tu país, tu trabajo, los muchos o pocos billetes que traes en tu cartera o bolso, pues hay mucha gente que carece de ello, carece de salud, no tiene familia, no puede ver, no pueden tener hijos, que carecen de manos, que viven forzosamente en otro país que no es el suyo o que no tienen un solo centavo con ellos. Se agradecido con lo que tienes, con lo material y lo que no es material, agradece.

Bendice, otra forma de ir cambiando poco a poco tu actitud acerca del dinero es bendecir el dinero que llega a ti o se va de ti, esto puede sonar algo raro pero es favorable para tu persona, ¿de qué forma bendecir el dinero? De la manera que te salga de tu corazón, de la forma que lo sientas, sería como una oración, como un rezo, de la forma que dicte tu sentir. Al bendecir las entradas y salidas del dinero es abrir más y más los caminos para que la abundancia se manifieste, nos dé más y más. No me lo creas, ¡aplícalo! ¿Como incrementar tu ingreso?

Ocúpate Tú de aquellos asuntos que puedas arreglar, como tus creencias por ejemplo, "Esta difícil" "Es muy complicado" no te concentres en lo que no puedes cambiar pues terminarás agotado y sin resultado.

La formula para que veas cambios positivos en tu vida, una fórmula que resume todo lo anterior y dice así:

Cantidad + Calidad + Actitud Mental Positiva = Compensación.

Tu compensación será el equivalente al valor aportado al mundo, a tus clientes, a la gente que contrata tus servicios o compran tus productos.

La CANTIDAD se refiere a que pongas acción de tu parte en todos los aspectos de tu vida, sobre todo en el trabajo, en tu oficio, en tu papel como padre o madre, en tu papel de conductor de auto, en tu papel de hijo. En tu papel de pareja, se aplica en todas las formas de vida pero nos enfocaremos en el trabajo, ponle mucha acción a tus responsabilidades en tu trabajo.

La CALIDAD la cantidad no es tan necesaria como la calidad, podrás trabajar mucho en tu oficina todo el día con horas extras pero si tu trabajo carece de calidad, todo tu esfuerzo se fue a la basura. El esfuerzo por acción tiene que ser acompañada de la excelencia, por la calidad de tu trabajo. Esto también entra en todas las facetas en tu vida, en tu papel como padre o madre, en el papel como conductor de automóvil, en el papel de hijo o hija, en el papel de vecino, etc.

LA ACTITUD MENTAL POSITIVA tal y como dice es ponerle tus pensamientos de alegría, de gozo de satisfacción a lo que haces, a lo que trabajas, a lo que realizas. Al hacer tus responsabilidades con entusiasmo, con gozo, no permitiendo que los demás te influyan con sus ideas negativas, entonces estarás aplicando la Actitud Mental Positiva de la fórmula. Así como las anteriores estas también se aplican en todas las facetas de tu vida, en todos los roles adquiridos.

"La Actitud Mental Positiva es hacer tus cosas y responsabilidades con AMOR"

Y LA COMPENSACIÓN, esta es tu recompensa, tu premio, tu pago final de haber aplicado la fórmula entes dicha, eso si recuerda:

La recompensa no necesariamente viene de tu patrón o de tu trabajo actual, o de tus familiares o amigos, pero siempre te llegará. No importa de cual camino la recompensa te llegue, eso déjaselo a Dios.

Eso me ha pasado en repetidas ocasiones, que me entrego tanto a mi trabajo que le gusta hasta la competencia, y tarde que temprano me ofrecían mejores contratos y con ello mayor satisfacción personal.

Una vez estando al aire en una estación de radio con poca audiencia, estaba en mi programa de radio tenia noventa días de llegar a Chicago, y que suena el teléfono, lo conteste y era para ofrecerme trabajo en una poderosa estación de radio en chicago que llegaba a seis estados, que mas tarde formo parte del consorcio, UNIVISION RADIO, así tal cual, sin entrevistas ni aplicaciones, me llaman a cabina y dice una voz.
"Me gusta tu programa, la manera que conduces y me encantaría que formes parte de los locutores de nuestra radio".

- "Claro que si acepto el trabajo" contesté Yo con las manos temblando de tanta emoción. (conocí esa voz de inmediato)
- ¿Cuando puedes comenzar a trabajar con nosotros? Me preguntaron.
- "Desde este momento si usted gusta" contesté.
- "Perfecto vente a la estación para que llenes los papeles de tu trabajo, comienzas hoy mismo".

Colgué esa llamada y aun estaba en modo ¡Sorpresa! Esto es increíble, apenas llegue a este país, y ya tengo una oportunidad de trabajo en las grandes ligas, la única experiencia que tenia es haber leído cientos de veces ese libro viejo de Og Mandino, "El vendedor más grande del mundo" en voz alta. Y recordé una de mis frases favoritas.

"El fracaso no se me sobrecogerá si mi determinación de alcanzar el éxito es lo suficientemente poderosa".

- Og Mandino.

Como aplique la técnica:

1- ACTITUD MENTAL POSITIVA, le puse la CANTIDAD Y CALIDAD
2- Pase por este proceso de PERDÓN hacia el dinero.
3- Me perdone, por pensar mediocremente.
4- Me creí y sentí merecedor que las bendiciones llegan a mi vida.
5- Establecí nuevos hábitos de conductas hacia un objetivó.

Es muy sano expulsar de tu vida personas parásitos que solo se nutren de tu energía. Lo que pasó después de este proceso, mis miedos con el dinero fueron aniquilados por el anhelo y el sueño de prosperar.

Posiblemente tu compensación en tu trabajo sea un ascenso, o que te den un aumento de tu sueldo o que de otra empresa se den cuenta de tu capacidad y desean que trabajes para ellos, como me pasa a mi a cada rato, o de lo contrario, tal vez en tu empresa haya recortes y despidos de personal, pero al ver tu AMP (actitud mental positiva) estés en el equipo de los que producen y en lugar de despedirte te ofrecen otra posición y un aumento.

Recuerda: El dinero es una energía activa, que te servirá para intercambiar bienes o servicios y como energía tal tiene que fluir sin problemas, sin estancarse. Cumple con su función de atraerte bienestar y se va, pero llega de nuevo como energía fresca para cumplir de nuevo con su papel, es como un círculo que no termina nunca. Este ciclo del dinero se complementa si eres agradecido con lo que has conseguido, tanto en lo material como en lo inmaterial. También lo fortaleces si cambias tus ideas que tenías del dinero perdonando al dinero y perdonándote a ti mismo a ti misma, por permitir que esas ideas entraran en tu mente, ya que el perdón te liberará de muchas ataduras que no dejaban fluir la riqueza a tu vida.

Calidad + Cantidad + Actitud Mental Positiva = Compensación
En todos los aspectos de tu vida obtendrás resultados buenos en tu diario vivir.

Si tú brillas darás luz a quienes te rodean, principalmente a tus seres queridos, así que, hazte ese favor.

Desde ahora tienes un nuevo porvenir frente a ti, desde ahora tendrás que ser el dueño de tu vida, tendrás que dejar de culpar a los demás cuando a ti no te vaya bien económicamente, ya que Tú y sólo Tú eres responsable de lo que te pase, caerás y cometerás errores, y esas caídas son normales en los seres humanos lo que no es normal, es quedarse ahí, el aprender no es fácil y siempre el ser humano tiene la tendencia a tropezar antes de llegar a tu destino.

No culpes a otras personas por tus caídas económicas o emocionales. Existen personas que nunca han caído, pero es porque nunca han caminado, pero también nunca llegan a dónde ellos desean.

La dimensión ECONOMICA ni se diga. Todo el tiempo de mi convalecencia solo trajo deudas a la familia. Mi situación me alejó de cualquier oportunidad de trabajo. La dimensión Económica es la relación del ser humano del tener y poseer. Es una actitud mental con respecto a lo material, ya sea equilibrado o desmedido. En esta dimensión son palpables los desequilibrios por la forma de gastar o retener (diarrea o estreñimiento económico) Culpabilidad de ricos o agresividad de pobres.

Ahora te pregunto: ¿Cómo te llevas con el dinero? ¿Lo controlas o te controla? ¿Cuántos deseos insatisfechos o no manifestados tienes en tu vida con respecto al dinero? ¿Piensas que el dinero es sucio? ¿Qué no te lo mereces?

¿Cómo es tu relación con el dinero, lo controlas o te controla?

1	2	3	4	5	6	7	8	9	10
Negativo									Positivo

CIRCULA Y EVALÚA TU DIMENSIÓN ECONÓMICA del 1 al 10

Se un banquero en tu propia vida personal Dios mueve este mundo por la fe, el dinero y el trabajo, aprendí a apreciar, ser capaz de recibir, aprendí a dar, no uses la ley de disminución usa las leyes de incremento de utilidades y abundancia.

Formula un plan, enfócate en tus 2 dones el dinero material y en tus talentos, haz un presupuesto paga Dios, paga a ti mismo, ahorra, invierte, aparta para provecho y desarrollo personal y para gastos diarios, se honesto y la recompensa no necesariamente viene de tu patrón o trabajo actual, pero siempre llega.

No podemos llegar al éxito total con un carretón de basura en nuestra vida, para lograr el éxito económico primero hay que perdonar el juicio negativo que tenemos sobre el dinero y cambiar la percepción y las malas asociaciones que tenemos desde niños.

Conclusión de las 5 dimensiones

MENTAL la dimensión mental se refiere al conocimiento de las funciones de la mente y de las programaciones infantiles, ya sean positivas o negativas que manejan nuestra vida, la capacidad de manejar los pensamientos y tener la nutrición de estrategias para evolucionar en un mundo como el de hoy.

ESPIRITUAL su eje principal son los valores; los valores por las personas, las cosas y la creación entera. dimensión Espiritual está en relación íntima con nuestro propio Ser. Se refiere al conocimiento propio, a la aceptación personal, al amor a mí mismo, aceptarme tal cual soy, con todos mis defectos y virtudes. En esta dimensión se fundamentan todos nuestros valores.

SOCIAL la dimensión social tiene que ver cómo nos llevamos con los demás, que tipo de relación tenemos con nuestro semejante, y el primer contacto que tenemos en esta dimensión es con nuestros seres queridos ó inmediatos (padres, hermanos, hijos, amigos, etc.) Esta es la ubicación y relación con las demás personas. Normalmente, existen comportamientos muy negativos en esta dimensión, por ejemplo: dificultades entre cónyuges, familiares, compañeros de trabajo, jefes, etc.

FÍSICA radica en la aceptación de tu cuerpo físico y el valor para cambiarlo a través de constancia, disciplina y buenos cuidados, si las ideas son negativas tu cuerpo estará produciendo una excesiva cantidad de toxinas que envenenaran cada unos de mis órganos esta es la dimensión que inmediatamente conocemos, pues en ella se manifiestan los desequilibrios de las dimensiones anteriores. Es la "detectora" termómetro o víctima que nos enseña con claridad y muchas veces con mucho dolor los desbalances físicos.

ECONÓMICA la dimensión Económica es la relación del ser humano del tener y poseer. Es una actitud mental con respecto a lo material, ya sea equilibrado o desmedido. En esta dimensión son palpables los desequilibrios por la forma de gastar o retener (diarrea o estreñimiento económico) Culpabilidad de ricos o agresividad de pobres en resumidas cuentas cual es nuestro juicio contra el dinero y saber perdonarnos.

Una de las grandes virtudes que nos enseña esta metodología es saber controlar nuestras emociones.

Ejercicio de balance dimensional

Ahora analicemos tus 5 dimensiones que hemos hablado y hagamos un ejercicio de evaluación, regresa a las páginas anteriores revisa las evaluaciones y circula como te sientes en cada dimensión.

| 1 | 2 | 3 | 4 | 5 | 6 | 7 | 8 | 9 | 10 |

Negativo   Positivo

CIRCULA Y EVALÚA TU DIMENSIÓN MENTAL del 1 al 10

| 1 | 2 | 3 | 4 | 5 | 6 | 7 | 8 | 9 | 10 |

Negativo   Positivo

CIRCULA Y EVALÚA TU DIMENSIÓN ESPIRITUAL del 1 al 10

| 1 | 2 | 3 | 4 | 5 | 6 | 7 | 8 | 9 | 10 |

Negativo   Positivo

CIRCULA Y EVALÚA TU DIMENSIÓN FÍSICA del 1 al 10

| 1 | 2 | 3 | 4 | 5 | 6 | 7 | 8 | 9 | 10 |

Negativo   Positivo

CIRCULA Y EVALÚA TU DIMENSIÓN SOCIAL del 1 al 10

| 1 | 2 | 3 | 4 | 5 | 6 | 7 | 8 | 9 | 10 |

Negativo   Positivo

CIRCULA Y EVALÚA TU DIMENSIÓN ECONÓMICA del 1 al 10

Ahora pasa los resultados a el circulo y une los puntos, con una línea así podrás ver
"La rueda de tu vida"
observa desde otra perspectiva tus áreas.

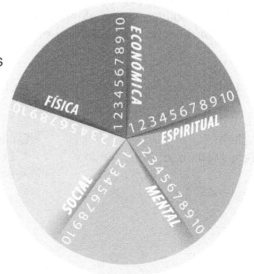

El balance no depende de recursos externos, sino en el manejo efectivo de las emociones, recursos internos y sustitución de hábitos para crear disciplina.

Como puedes ver uniste los puntos creando un circulo en cada una de tus áreas, ¿Cómo esta la rueda de tu vida? ¿Detectaste donde estas mas fuerte y mas débil?

Toma el control de tu vida, deja de justificarte y echarle la culpa a los demás de tus penas, Tú eres la persona que controla tu estado de animo, acciones y resultados no otras personas o circunstancias externas.

1- Toma responsabilidad, analiza que es lo que te esta estancando.
2- Detecta en alguna de tus áreas cual es la mas fortalecida.
3- Genera una lista de actividades que haces voluntaria o involuntariamente para que tengas resultados positivos en esa área.
4- Detecta cuales son tus áreas que mas debilidad tienes.
5- Crea una visión de lo que deseas en cada una de tus áreas de la vida Mental, Espiritual, Física, Social y Económica.
6- Emplea la lista de actividades que haces voluntaria e involuntariamente en las áreas mas fortalecidas y aplícalas en las áreas débiles de tu vida.

Por consecuencia, el balance y satisfacción personal en cada área, llega a tener una alineación en mente, cuerpo y espíritu creando en tu vida el habito del balance, generando congruencia en tu pensar y actuar al salir de tu zona de confort.

Estamos de acuerdo que es muy difícil crear hábitos positivos, sin embargo hábitos negativos se implantan sin ningún esfuerzo al buscar el placer o huir del dolor y al final sufres mal a consecuencia de ese mal habito.

Desarrolla en tu libreta una lista de hábitos que deseas sustituir o cambiar:

Malos hábitos:
* No regresar la llamada mis clientes.

Sustitución de habito:
* Llamar a mis clientes para saludarlos.

La inteligencia emocional

El concepto de Inteligencia Emocional fue acuñado por P. Salovey y J. D. Mayer en 1990. Goleman (1995) define la inteligencia emocional como : "La capacidad de reconocer nuestros propios sentimientos y los de los demás, de motivar- nos y de manejar adecuada- mente las relaciones".

Para Goleman, la inteligencia emocional implica cinco capacidades básicas:
1- Descubrir las emociones y sentimientos propios.
2- Reconocerlos.
3- Manejarlos.
4- Crear una motivación propia.
5- Gestionar las relaciones personales.

Cualquier dimensión que se encuentre desequilibrada afectara las otras cuatro dimensiones, pero lo mas importante afectara TU INTELIGENCIA EMOCIONAL, la manera en como reaccionamos ante las adversidades de la vida, emergencias y problemas del diario vivir.

La inteligencia emocional tiene la capacidad de salvarte la vida, obtener mejor empleo, armonizar tus relaciones y salir triunfante en enfermedades y emprendimientos de negocios, sanar tu cuerpo y obtener un control mental y desarrollar el carácter ante las adversidades de la vida.

Eso se logra a través de un entrenamiento mental y enfocarse en pensamientos positivos, como lo logre Yo, leyendo libros, si veía una película que fuera de mensaje positivo, comencé a enfocarme en que yo tengo el control absoluto sobre mi pensar y actuar. El auto control.

Ejemplo, vienes molesto manejando tu auto, y otro conductor hace que te pongas de muy mal humor, cuando estas planeando como realizar tu venganza de ofensas te encienden las luces pues resulta que es un policía encubierto, te pie que te orilles y te pregunta que cual es tu problema. ¿Cuál seria tu reacción? Verdad que si tenemos total y absoluto control de nuestro pensar y actuar? La lección es que Tú, puedes controlar tus emociones y actitudes, eso es inteligencia emocional.

Condicionamiento básico destructivo

El hombre nace bajo la Ley de la Supervivencia, que significa: O luchamos ó huimos constantemente. Esto quiere decir que al estar en desarmonía con nosotros mismos, se pierde el balance espiritual del ser con su propio ser. Cuando esto ocurre, el hombre se atrinchera en cuatro emociones básicas autodestructivas: ODIO, IRA, RESENTIMIENTO y MIEDO. Las primeras dos emociones son de carácter AGRESIVAS, activas, y tienden a ser aniquilantes. Con Odio e Ira "agredimos" y desafortunadamente esta agresión sea física o moral la dirigimos hacia quienes más queremos y finalmente hacia nosotros mismos por sentirnos culpables y merecedores de castigo. Las emociones de resentimiento y Miedo son de carácter pasivas. El resentimiento se acumula y el Miedo es angustiante ó paralizante. Con estas dos emociones grabadas en nuestro subconsciente me alejo ó "HUYO" de mi realidad. Aquí es donde se manifiesta el descontento de sí mismo y la frustración de todo lo que pretendemos hacer.

En este momento, comprendí que me encontraba en una situación de odio, ira, resentimiento y miedo, emociones que conforman nuestro condicionamiento básico destructivo, y que si no había aceptación de mis actitudes autodestructivas, no podría avanzar hacia una realización plena. Pero, ¿Cómo podría obtener el balance de mi ser con mi propio ser si me encontraba tan débil en todas mis dimensiones? Necesitaba el apoyo de un elemento que todos y cada uno de nosotros traemos dentro: Nuestra consciencia espiritual. Muchos la llaman, Gota Crística, Esencia Superior, Luz Divina, etc. Por ello, aprendí y comprendí que no estaba solo. Es un hecho que muchas personas consciente o inconscientemente deciden separarse de su Creador al romper su relación divina inmediata. Pero nuestro Ser Superior NUNCA se separa de nosotros, pues es esa esencia divina la que está presente en cada célula de nuestro cuerpo. Aquí fue donde cuestioné que tanto apreciaba mi esencia divina dentro de mi ser. Esa esencia me ayudaría a equilibrar mis cinco dimensiones y a controlar mis cuatro emociones básicas destructivas ya mencionadas, así como valorar el maravilloso don de la vida que a pesar de todo es un hermoso regalo que mi Padre Dios ha puesto a mi disposición para compartir con mi semejante.

Niveles de entendimiento

- Mundano
- Espiritual
- Integrativo
- Unitivo

Aquí era importante saber dónde estaba, identifícate en que nivel estas Tú, aquí comprenderás que para poder saltar de un punto especifico a otro, era necesario saber en qué nivel de entendimiento estamos.

Nivel Mundano: Aquí es donde se ubica la mayoría de las personas. Este es el mundo exterior, el mundo creado por el Hombre-EGO. En este nivel se manifiestan el anti-amor, celos, venganzas, envidias, vicios, juicios, etiquetas de "malo", "feo", "inútil" etc. En este nivel funcionamos bajo un comportamiento basado con odio, ira, resentimiento y miedo. Culpamos en vez de observar y entender a las personas, las cosas y a la creación entera. Ajá, ahora sabía en qué nivel me encontraba y el resultado de mi condición emocional. Este nivel lo había convertido en una verdadera fortaleza, en un bunker emocional y al mismo tiempo "atacar" a mis "enemigos" que eran solo producto de mi imaginación.

Nivel Espiritual: Este es el nivel del QUERER, el querer cambiar para bien. El desear mejorar nuestras dimensiones para dirigir nuestra brújula hacia nuevos y mejores horizontes. En el nivel espiritual se inicia el proceso de integración personal, de auto valorización dinámica, de actuar con amor y entendimiento. Es cuando el consciente y subconsciente empieza a armonizarse y se deja de juzgar y culpar. Aquí es donde yo quería estar y dar la batalla en mi curación interna, mi mundo interno lleno de luz y esperanza.

Nivel Integrativo y Unitivo: Consciente y subconsciente se integran en verdadera armonía. Al existir armonía entre las dos mentes, adquirimos conciencia de la vida y de nuestras acciones y decisiones. Aquí es donde mente, cuerpo y espíritu se fusionan en uno solo, es decir, integración con mi Yo interior. Aquí no existe ninguna emoción negativa, solo hay armonía y paz.

Este taller vivencial de verdad me estaba ubicando en mi realidad, me ofrecía respuestas al porque reaccionaba de esa manera, como identificar el daño y la percepción adquirida, comencé a ver la vida desde otro punto de vista, (yo creo de varios puntos de vista).

Uno de los aprendizajes de este programa es sin duda el entender la manera en que el ser humano es atrapado en el dogma del EGO *(se dice del EGO como "excesivo aprecio por sí mismo, egolatría, egocentrismo)* es un personaje que actúa dentro del ser y que estorba en el proceso de integración personal. Es un personaje característico de confusión por medio de actitudes destructivas, de hecho, vivimos en un mundo lleno de EGOS.

El Ser humano se relaciona constantemente entre dos mundos, el mundo interno y el mundo externo y que ambos son verificables experimentalmente"

Mundo exterior: El primero de estos es percibido por los sentidos de percepción externa; el segundo sólo puede ser percibido mediante el sentido de auto-observación interna. En la observación la atención es orientada hacia afuera, hacia el mundo exterior, a través de las ventanas de los sentidos. Cada uno de nosotros con nuestros cinco sentidos podemos percibir el mundo exterior; con la vista podemos percibir objetos, formas, etc. Con oído captamos sonidos, ruidos, música, etc. Con el gusto captamos los sabores ya sean amargos o dulces. Con el tacto podemos tomar conciencia de nuestra ropa, del sillón en el cual estamos sentados y con el olfato captamos los olores del medio ambiente. Pero, ¿Acaso podemos ver o tocar nuestros pensamientos o emociones? No, ya que estos no pertenecen al mundo exterior, sino a nuestro mundo particular, el interior.

Mundo Interior: Pensamientos, ideas, emociones, anhelos, esperanzas, desengaños. Estos son interiores, invisibles para los sentidos ordinarios, comunes y corrientes, y sin embargo son para nosotros más reales que la mesa del comedor o los sillones de la sala. Ciertamente nosotros vivimos más en nuestro mundo interior que en el exterior. En nuestros mundos internos, en nuestros mundos secretos, amamos, deseamos, sospechamos, bendecimos, maldecimos, anhelamos, sufrimos, gozamos, somos defraudados, premiados, etc. Cuanto más se explore este mundo interior llamado uno mismo, comprenderás que se vive simultáneamente en dos mundos, en dos realidades, en dos ámbitos, el exterior y el interior.

El mundo exterior se asocia el mundo creación del Hombre-EGO. Al ser un mundo exterior, está formado por leyes y normas tendientes al control de los demás. Aquí entran al quite las religiones, regímenes políticos, reglamentos, etc. En cuestión tecnológica se encuentra todo lo relacionado a los adelantos científicos que cada día hacen más dependiente al ser humano y menos creativo. También en el mundo externo caben algunas ideas del mundo interno cuando queremos implantar nuestras ideas e ideales de cómo queremos que deben ser las personas y las cosas. De hecho en el mundo externo jugamos con IDEAS del mundo interno, por ejemplo al imponer a los demás lo que según para nosotros es "normal" ó "anormal; esta imposición normalmente se da en el campo de la salud y es usada por curanderos o profesionales de la salud. Lo bueno, lo bello y lo de moda lo determinan los moralistas y quienes ejercen el poder sobre las masas de gente, no hacen mucho pero les llaman influencers, estos son los que nos dicen si es malo, feo o anticuado. Estos chamanes *(persona física o moral o cosa fuera de mi que maneja mi pensamiento y voluntad)* tienen su origen en la condición del ser humano lleno de "necesidades" ó apegos y que son "manejados" al gusto del Chamán. En este caso el Influencer, prácticamente nos dicen lo que TENEMOS que hacer (influencer astrologo, médico, moralista, moda, político, etc.)

El mundo exterior Hombre-Ego. Está formado por eventos que son las circunstancias de la vida. Por ejemplo, en un salón de conferencias en donde hay muchas personas, todas ellas viven el mismo evento, pero en esa misma conferencia algunas personas estarán aburridas, otras contentas, otras asombradas por lo que escuchan. Cada una de esas personas tiene un estado interior. Los estados pertenecen al mundo interno particular de cada persona. En el terreno de la vida práctica descubrimos contrastes que asombran. Gentes adineradas con hermosas residencias y muchas amistades, pero a veces sufren calamidades cuando experimentan robos cuantiosos o cuando les secuestran un ser querido. Por otro lado encontramos gente humilde, proletarios de pico y pala o personas de clase media que suelen vivir a veces en completa felicidad. Los ricos de la tierra parecen buitres en jaulas de oro que no pueden vivir sin guardaespaldas. Los hombres que tienen el control político (los poderes) nunca están libres, andan por doquier rodeados de gente armada hasta los dientes cuidándoles.

Por otra parte, existe el mundo REAL, el mundo donde se sitúa nuestra conciencia espiritual. Si viene es cierto que cuando nos estacionamos "afuera" de nuestro mundo real, es donde encontramos gente que se queja de todo. Sufren, lloran, protestan, quisieran cambiar de vida, salir del infortunio en que se encuentran, pero desgraciadamente no trabajan para sí mismas. Si de verdad queremos cambiar, necesitamos con urgencia modificar radicalmente esos estados equivocados de conciencia. En nuestro mundo REAL encontramos gente real. No hay dos iguales. Esto nos hace creer que somos personas reales únicas e irrepetibles. Somos un proyecto hecho realidad, por lo tanto, TODOS SOMOS DIFERENTES.

¿Cuál es la lección de este tema? Vivir y experimentar el equilibrio que nos ofrecen los dos mundos. Es imprescindible darnos cuenta que mientras haya gente condicionada en el mundo creado por el hombre, debemos tener reglas y reglamentos siempre y cuando las observemos con responsabilidad y buen juicio. Hay que tomar en cuenta que "mi libertad termina cuando empieza la de mi prójimo", y como persona trascendente me conviene actuar responsablemente.

Sin embargo debemos de tomar en cuenta las actitudes negativas del EGO se demuestran cuando juzga, cuando culpa, cuando evalúa, cuando intelectualiza. Hablemos más al respecto como este personaje Rey de confusiones algunas veces nos maneja a su antojo. El Ego y su dogma.

Un personaje que juega un papel muy importante en nuestras vidas y que muchos de nosotros no sabemos es: El Ego, el EGO es el Diablito que todos llevamos dentro. El EGO se define como "Persona física o moral que gobierna nuestro pensar y a actuar". Este personaje nos engaña en cada momento si no estamos en un proceso de conocimiento interior, nos hace creer que "La razón por la que yo nací es para vivir sin molestia o perturbación alguna". Esta es la decisión falsa llena de egolatría.

Esta es una verdadera trampa. El Ego nos hace creer que estamos en este mundo para "pasarla bien" sin que nadie nos moleste, castigamos a quien intente atentar hacia nuestro confort y tranquilidad. Nos hace ver que TODOS necesitan estar a nuestro servicio a la hora que se nos antoje y cuidado con aquellas personas que se nieguen a complacernos. (No me molesten, atiéndanme si hace calor, frio, si tengo sed, hambre, etc.) Todo lo queremos al momento y sin escusas.

Cuantas personas buscan la manera de estar cómodos y se convierten en esclavos de la tecnología. Ahí es donde reina la Decisión Maestra: "La razón por la que nací es para vivir sin molestia o perturbación alguna", dogma producto del EGO. Este personaje Juzga, Culpa, Evalúa e Intelectualiza. Al momento de culpar, absolutiza, etiqueta y dogmatiza al decir: "eres un idiota" "no sabes nada" "eres un fracaso" etc. Al momento de culpar señala con actitudes moralizantes de "malo" "feo" etc., haciendo sentir merecedor de castigo. Al momento de evaluar se sitúa en el centro de toda comparación (soy más idiota que tú, el más listo, sin mí no se hacen bien las cosas) Al momento de intelectualizar evade su responsabilidad o resalta sus faltas y errores con lujo de cinismo.

Las anteriores son las cuatro actitudes negativas del hombre-EGO. Con todas estas malas yerbas, este personaje nos hace sentir que:

- Soy malo: Me juzgo malo, me evalúo malo, me justifico malo a fin de evadir mi responsabilidad.

- Soy desdichado: Que todo mundo sepa que soy desdichado.

- Estoy enfermo: En venganza contra mí mismo, por todos los juicios y etiquetas que me he puesto, pues merezco que me enferme.

- Nadie me quiere: Pues en esta condición, quien se atrevería a querer a tan "distinguida" persona.

- Me la vas a pagar: Al no sentirme satisfecho y sometido al dogma del EGO, entonces busco la venganza contra todo y contra todos.

Sobre lo anterior, comprendí que el dogma del EGO no me ayudaría a salir de mi esclavitud psicológica, más aun cuando la contraparte de este dogma es: *La VERDADERA razón por la que nací es para EXPERIMENTAR y gozar la vida con AMOR y ENTENDIMIENTO.* Que hermosa definición del verdadero propósito del ser humano evolutivo. Aquí reina la comprensión, la observación y el deseo de trascender e integrarse a nuestro mundo en su espacio y en su tiempo.

"La VERDADERA razón por la que nací es para EXPERIMENTAR y gozar la vida con AMOR y ENTENDIMIENTO"

¿Cuántas veces has sido víctima de este personaje que tú mismo alimentas?

La práctica del psicoanálisis a demostrado ser muy benéfico y básicamente se trata de una técnica de análisis de todo lo que se alojo en tu mente subconsciente desde la infancia y como nacen las creencias.

Varias ciencias especializadas en el estudio de la mente y el comportamiento humano, tienen resultados similares respecto a los daños emocionales ocasionados a lo largo de tu vida. Cuando hay un dolor físico o emocional, la mente está alerta a todo lo que tus cinco sentidos pueda percibir y lo registra junto con el dolor físico y emocional, archivándolo en nuestro Ser. Cada vez que existe un elemento que asocie cualquier dolor físico o emocional sin saber por qué, reaccionaremos de manera automática, este procedimiento es conocido como asociaciones psicológicas. Varios elementos que se asocian con tus cinco sentidos, oír, ver, oler, tocar, y hasta saborear algo, mmmm esta comida sabe a: te recuerda algo, y a través de tus sentidos tienen el poder de recordar emociones que están archivados en lo más profundo del subconsciente, lo hacemos constantemente pero de manera automática, por eso muchos se preguntan "¿porque no me gusta el color naranja? Por ejemplo o esa persona me cae mal y ni la conozco Etc.

Inconscientemente te recuerda un acontecimiento en tu vida que fue tal vez tan doloroso que el sistema de pérdida de memoria se activo y no recuerdas el incidente con detalle pero SI logra alterarte, reaccionando con odio, ira, resentimiento y miedo. Después de un profundo análisis resulta que el color naranja estaba en los anuncios donde tuviste un accidente automovilístico hace 15 años, y cada vez que vez el color, vuelves a recordar a nivel subconsciente reaccionando de manera negativa, hasta que se reconoce, se procesa, se perdona y se cambia la percepción.

Piensa por un momento. ¿Qué emociones EXPERIMENTAS últimamente? Ahora, ¿Con que acontecimientos de tu vida los asocias?

Si tus ideas son negativas, ten por seguro que obtendrás perdida de lo apreciado: Enfermedades, accidentes, sufrimiento, amistades con gente que no te conviene, que no te apoya o que te traicionara.

Pero, si te haces responsable de esto lo puedes cambiar, nosotros somos responsables de todo lo que nos pasa en la vida en un 90% de los casos, el 10% de las circunstancias no dependen de ti, el 90% de las circunstancias en tu vida es de cómo reaccionas, de ese 10% que no depende de ti.

"Todos los seres humanos hemos cometido errores tratando de llenar nuestras necesidades"

Los apegos

¿Te sientes ansioso, desdichado, triste y enfermo? "El hombre hará cualquier cosa con tal de satisfacer su NECESIDAD a tal grado que romperá con todas las leyes, civiles y morales" ¿Qué significa esto? Aquí hablamos de los APEGOS, de la "necesidad" equivocada del Ser para "sentirse" amado, comprendido, aprobado, aceptado y necesitado y ser parte de la sociedad. Naturalmente que estas actitudes negativas nunca nos harán felices, porque cuando nos nieguen ese apego, nos sentiremos ansiosos, desdichados, tristes y enfermos. Aquí se encuentra la mayor parte de la humanidad mendigando cariño y aceptación, rompiendo con todas las leyes civiles y morales a fin de obtener tan solo una migaja de tan "suculenta" necesidad. Las 4 necesidades ó apegos son:

1. Confort y tranquilidad (Nivel Físico y se huye del dolor e incomodidad)
2. Aceptación y Atención (Nivel Mental y se huye del rechazo e incomprensión)
3. Aprobación de mi persona (Nivel Emocional y se huye de la desaprobación)
4. Ser importante y Ser Necesitado (Nivel Espiritual y se huye de ser inferior e Inútil)

En esta etapa de mi proceso de conocimiento interior, comprendí que una buena parte de frustración por no haber conseguido el estatus social de mis aspiraciones profesionales se debía en gran parte a la necesidad de SER IMPORTANTE y SER NECESITADO. Estas necesidades tienen su nivel en la dimensión espiritual de la cual hablamos al principio, y se escapa de sentirse inferior e inútil. De tal manera que esa era mi necesidad: Ser importante y Ser necesitado, ¿con cual necesidad te identificas Tú?

Me di cuenta que, tal apego me había hecho dependiente y me estaba esclavizado, tomando venganza con todo y contra todos con odio, ira, resentimiento y miedo. Por ello, era imprescindible convertir dicha necesidad en ganancia, o sea, ver la causa, entenderla, perdonarla y crear nuevos hábitos.

Juicio y Venganza

Todo el condicionamiento del que hemos hablado (odio, Ira, Resentimiento, Miedo, Juicios, Dogma-Ego, Ego-Hombre dependen del JUICIO (Juicio se define como: *El esfuerzo intelectual, emotivo e inútil por cambiar la naturaleza de lo que ya es).* El objetivo del hombre-EGO es que te alejes de la posibilidad de OBSERVAR (Observar se define como: *Aceptación de lo que ya es. Implica amor y entendimiento, Fe, Paciencia, etc.)*

Conocer el proceso de desintegración que conduce al juicio y venganza nos permite tener una panorama amplio de las consecuencias que esto trae en todas tus dimensiones y tu deseo de ser trascendente e integrado. De hecho, te aleja de toda posibilidad de observar y la única manera de salir de esta cárcel psicológica es mediante el perdón genuino.

Si odias a alguien por que te ofendieron o lastimaron sin importar cuando haya sido, o te odias a ti mismo por lo que no has podido lograr en tu vida, entonces tu EGO se siente herido e inconscientemente "buscas" con quien desquitarte. Por ello, cuando alguien te hiere, realmente están hiriendo a tu EGO, y aunque la herida sea física o moral, el que reacciona no eres tú sino el mismo ego.

En este momento la reacción será con odio, ira, resentimiento y miedo. Cuando tu Ego es lastimado, JUZGAS, es decir, tomas el lugar y la imagen falsa que te has forjado de Dios y consecuentemente estarás planeando la manera de saciar tu venganza.

Una vez metido a juez, dictas sentencia en proporción al juicio, descargando todo tu condicionamiento egoísta producto del EGO (odio, ira, resentimiento y miedo). Consecuentemente ejecutas la sentencia. Esto quiere decir que consciente o inconsciente te conviertes en verdugo, juegas al "diosecito" y creas un infierno para quemar o aniquilar a tu víctima, esto lo puedes hacer de muchas maneras, la idea es salirte con la tuya y saciar tu venganza, al crear ese infierno, terminas quemándote Tú en el, porque todo ese infierno comienzo mental y físico.

Muchas veces juzgamos a nuestros padres por no habernos dado el cariño y amor que justamente merecemos. Pero cuantas veces esa falta de amor viene de padres que no se les enseño a amar, quizá lo que recibieron fueron golpes y desprecio de sus antepasados.

No podemos llegar al éxito total con un carretón de basura en nuestra vida, para lograr el éxito económico primero hay que perdonar el juicio negativo que tenemos sobre el dinero y cambiar la percepción y las malas asociaciones que tenemos desde niños.

Nadie da lo que no tiene, para que una fuente pueda saciar la sed de los demás, debe refrescarse a sí misma. Somos el producto de una generación de falta de amor, y mencione arriba que esto se hace con un miedo terrible y odio a nuestros padres, y por otro lado una generación que ha repetido patrones de conducta y lo que es peor, no saben como educar a sus hijos y eso trae consecuencias graves, ya que los hijos comienzan también a agredir a los padres.

El Maestro Jesús dijo que "por el aumento de la maldad se enfriará el amor en la mayor parte del mundo". Por ello, ¿juzgas a tus padres porque son pobres y no pudieron darte la educación que anhelabas? ¿Los juzgas por ser ricos y estar inmersos en una actividad materialista desmedida que no tuvieron tiempo para dedicarse a tus asuntos emocionales? ¿Qué tanto odio y juicio le tienes a tu hermano o hermana que según tu es el "favorito" de papá y mamá? ¿Le tienes coraje, envidia y celos?

Existe juicio a Dios. Lo he mencionado varias veces en este libro, coraje o resentimiento a un Dios, que en tu psicología mental no entiendes por que el mundo está lleno de violencia y maldad. Que la gente malvada florece y prospera, mientras que la gente buena apenas sobrevive. ¿Dónde está Dios cuando diariamente mueren cientos de niños por hambruna en todo el mundo? ¿Sabías que cada 7 minutos mueren 3 niños por desnutrición tan solo en las partes más pobres del África? Hay personas que sobreviven con tan solo medio dólar al día. Y hay millones de creyentes que viven una santidad hipócrita justificando tal situación y haciéndose cada vez más ricos con el hambre de sus gobernados.

También existe el juicio al dinero, personas que lo atesoran y no lo sueltan y mueren de hambre por mezquindad. También existe el Juicio al sexo, considerándolo como un tabú debido a la manera como te programaron de niño (juicio al sexo con bromas excesivas de morbosidad). Juicio a MI MISMO cuando me desprecio por no ser blanco, alto, ojos de color, etc.

La magia del perdón

A menos que nos purifiquemos, TODA nuestra espiritualidad estará basada sobre un montón de basura. Si no vives un proceso real de purificación interior, no podrás erradicar por completo la mala yerba del juicio y la venganza.

La herida no la sana ni el tiempo, ni el alcohol, ni las distracciones, ni otro clavo, la herida la sanas tú, cuando las enfrentas, las entiendes y aceptas su existencia, es necesario pasar el proceso de perdón y sanar tu propia historia, de lo contrario estas condenado a repetirla.

"Las raíces de la venganza son tan fuertes y robustas que se requiere de un proceso lo suficientemente profundo para erradicarlas de nuestro ser. A continuación una dinámica que me enseñó mi Doctor en el curso Actitudes Dinámicas III ®

Entender lo que es perdonar, es dejar ir, es soltar, no significa que sigas cargando con ese lastre que te limita, esta información nos ayuda a obtener verdaderas herramientas para lograr un perdón al 100%. Pero ¿Por qué nosotros no QUEREMOS perdonar y perdonarnos? ¿Porqué luchar contra nosotros mismos? Porque muy dentro de nosotros dice, NO ES TU MOMENTO. Y para los que sienten esa sed, esa necesidad de descansar y cambiar de vida.

¿Hay alguien que merezca tu perdón? Tal vez ese alguien eres, ¡Tú mismo! En mis seminarios en vivo enseño a mis asistentes como elevar su espíritu y su mente a otros niveles de conciencia, dejando ir cosas que los atan, relaciones que no funcionan, falta de progreso en todas las dimensiones, remover enfermedades que no responden a tratamientos médicos ni psicológicos; pero, ¿de dónde viene todo esto? Descubrí que en más del 85% de los casos tienen que ver con nuestra manera de pensar, y esa manera de pensar creada por nuestras necesidades o necedades se transforma en verdad en nuestro mundo interior, y ese mundo interno se refleja en tu mundo externo tarde o temprano.

Es necesario desear vivir un proceso, no le puedes exigir a alguien que lo haga, ni exigirte a ti sin antes transitar este proceso de auto valor, evaluación de daños, hacer un balance en sus 5 dimensiones, para después obtener información sobre la vida del que te agredió física o emocionalmente y crear el proceso natural de juicio y venganza que cada rato en nuestra mente y nuestro sentir es bombardeado con los recuerdos generando sentimientos desagradable.

JUCIO que involuntariamente lo creas en tu mente, pensando lo que le harías a ese SER que te ofendió, ya sea TU PAPA, TU MAMA, TUS HIJOS, TU MISMO, TU EX PAREJA, TU EX AMIGO, TU EX SOCIO QUE TE ENGAÑO, en fin, la lista es y puede ser muy larga, mas adelante dedicare en el audio libro un ejercicio para este circulo social secundario.

Veamos cada herida como un juicio y cada juicio existen muchos personajes y todos eres TÚ. Excepto el acusado, el acusado es ESA PERSONA QUE TE LASTIMO, pero Tu eres Juez, Verdugo, Testigo, Victima, Jurado, y hasta medio de comunicación, porque todo el mundo sabe el daño que te hicieron pero el que te lastimo, NO LO SABE, duerme bien feliz y no sabe el infierno que tu llevas adentro, ¿que sentido tiene vivir de esa manera?

¡Arreglemos esto de una vez!
Te quiero pedir que dentro de esos personajes seas Tú "EL ABOGADO" DE ESA PERSONA QUE TE HIZO DAÑO. Difícil labor ¿Verdad?
¿Si fueras abogado qué harías para defender y aminorar la pena tan dura que tus otros personajes le están condenando?

Es aquí donde comienza la balanza a dar un movimiento, analiza, y responde en tu cuaderno de trabajo las siguientes preguntas. ¿Qué llevo a esa persona hacerte tanto daño? ¿Qué sabes de su infancia? ¿Cómo fue criado? ¿Sufrió algo similar a lo que a ti te hizo? ¿Si lo tuvieras ahora enfrente que le dirías? Acuérdate que eres EL ABOGADO, lo vas a defender de tus otros agresores, tus demonios sueltos lo quieren linchar, yo se.

Pero por esta ocasión quiero que comiences a usar esa capacidad de la indigencia emocional, solo obsérvalo, ¿que le preguntarías?

Para ayudarte a entender más fácil este proceso te quiero contar mi propia experiencia, Soy el más pequeño de los primeros tres hijos que tuvo mi madre, siempre sentí que mi Papá no me trataba con amor, mucho menos con respeto, me gritaba, me golpeaba sin ninguna razón y cada vez que cometía un error me decía que era un pendejo, que nunca iba hacer algo en la vida, que yo me iba morir de hambre sin Él, sus ofensas casi todo el tiempo venían acompañadas de mentadas de madre, golpes y los gritos que se escuchaban a tres cuadras y para acabar la escena deprimente luchando con un alcoholismo que lo consumía día a día.

Haciendo pedazos todas sus relaciones y haciéndose pedazos el mismo, y que desgraciadamente en mi infancia no me pude desligar de su compañía, sin embargo ahora agradezco el padre que me toco, pues gracias estas experiencias que eran mi debilidad, ahora que las he trabajado tan profundamente han llegado a sanar las heridas emocionales de miles de personas, porque tal vez sea la historia que muchos de alguna manera vivieron, o viviste. Eso que no estaba en mi control de niño, se transforma en mi mayor bendición. Una vez hablando con mi madre le pregunté -¿porque nunca dejo a mi papá? Y me dijo que -había jurado ante Dios que nunca lo abandonaría, -"una gran cualidad pero, te has olvidado de ti misma, la fidelidad se cumple sólo cuando el otro es fiel al compromiso", le dije yo, me contesto de que para ella su juramento era sagrado y aunque la otra persona no cumpliera su parte ella cumplía la suya, "no porque el otro no cumplió ella no cumpliría su parte, el problema es para Él que NO cumplió", asentó.

Le dije esa es otra tremenda cualidad tuya, otro valor que no fue apreciado por mi Padre, pero cuando hay daños a terceros en este caso las secuelas emocionales que nos dejó a toda la familia fue realmente muy amargo en algunos casos, yo ayude a mí padre en su taller mecánico desde los diez años hasta el momento de mi accidente, siempre una lucha entre los dos a pesar de cómo me trataba yo nunca le falte al respeto, aunque me golpeó cientos de veces yo nunca le levante la mano, y qué bueno que no lo hice porque entonces ahí tendría que perdonarme también a mí o tal vez comenzaría un ciclo que nunca lo hubiera roto, enseñándole esas mismas cosas a mis hijos y tratándolos de la misma manera para al final recibir palizas de mis propios hijos.

Y ahí estaba Yo, en un curso de tres días que estaba "transformando mi vida" y sacando todos mis trapos sucios al sol, como comúnmente decimos.

La dinámica del perdón, al reconocer mi engrama psicológico, ¿que es lo que más me afectaba en la vida? para esta horas del curso ya sabia lo que me atormentaba, y la terapia del perdón, es un desprendimiento muy profundo, ayudado por un instructor calificado, en este caso fue mi Doctor Salvador Sánchez, me ayudo a no depender de dicha necesidad, a sentirme libre de tal apego, y a experimentar la vida con amor y entendimiento, obteniendo gozo y paz interior. De ahora en adelante, nadie podría hacerme sentir inferior sin mi consentimiento. Me gusto ese escudo mental, de hoy en adelante lo usare pensaba y estaba resuelto a seguir adelante, pues mi felicidad estaba de por medio.

Dijo el Doctor -"Toma el papel del abogado de esa persona que te hizo daño, ¡que se presente el acusado! No quiero que lo imagines a esa persona que tanto odias en su presente edad adulta, no, QUIERO QUE LO VISUALICES COMO UN NIÑO DE CUATRO AÑOS DE EDAD.

Y pude ver en ese rostro de aquel niño de cuatro años de edad a mi Padre, curiosamente la misma cara que yo tenía cuando yo era pequeño, ahí me di cuenta que nuestros rostros son muy similares, nos parecíamos mucho y no sé que tiene esta persona que tanto me molesta, "pues muy simple" ahí me di cuenta que mi padre se veía reflejado en mi a el niño que nunca amó y me asociaba con ese niño que se sentía despreciado, y como a Él no le enseñaron otra cosa más que violencia, gritos, golpes, era todo lo que te podía enseñar", me contestó el mi interior.

Ahora comienza a indagar sobre su vida o a recordar pasajes que Él te comentó y asócialos con su manera de actuar hacia tu persona, su percepción del amor y la familia, sus vicios y debilidades y como todo esto te ha venido a afectar a ti, en tu vida".

Yo recordando aquel día comencé escribir todas las ofensas que mi padre me había dado yo sabía que una libreta entera no alcanzaría deje de escribir, en ese momento a mi mente llego un recuerdo, una historia que me contó mi padre el cual él asegura que lo marcó para toda la vida.

Mi abuelo David Herrera, tenia en su rancho un grupo musical, era parte del grupo de músicos que alegraban las parrandas y fiestas de la ranchería, como mi padre fue el primero de sus hijos a los cuatro años de edad, mi padre era el compañero inseparable de mi abuelo, a mi padre Paulino de cuatro años de edad, lo vestían de charro mexicano y le daban una pequeña botellita pero esa botellita contenía refresco y licor, porque notaron que el niño hacia una tremenda fiesta al consumir el alcohol y lo subían arriba de las mesas a bailar y a cantar, era un show, para la idiosincrasia de esas personas, parecía chistoso y entretenido.

Ese era el "cuadro mental" que a mi padre le enseñaron que hiciera, y el él se lo creyó a su temprana edad.

Me contaba que de ahí nació su alcoholismo, porque nunca lo pudo superar, las programaciones infantiles cuando penetran muy profundamente nuestra mente subconsciente se crea una ley de acción.

Si no aceptas que estás en un error y si no quieres cambiar para mejorar, tu proceso de integración personal se hará más difícil o imposible.

Fue entonces cuando comprendí que mi padre tenía problemas fuertes con el alcoholismo debido a la programación que recibió, esos aplausos y aceptación lo anclaron en un circulo vicioso de borracheras sin fin, con tal de encontrar la aceptación asociada a la música, el baile, la fiesta y la parranda, porque la aceptación era fundamental en la vida de ese niño, como lo puedes ser en tu propia vida, en la mía y la de todos.

Que a mi padre le estuviesen aceptando, aplaudiendo y riendo la gracia sin pensar las consecuencias futuras, fue cuando en ese momento entro a mi corazón otra dosis de compasión, y el abogado que había dentro de mí que había destinado era para apoyar y ayudar a mi padre para que todos mis demonios no lo juzgaran y lo enviaran el infierno junto conmigo.

Esa nueva información, esa pieza de la historia me hizo doblegar todo mi rencor que sentía hacia esa persona, mi propio padre, y lloré como nunca antes porque me preguntaba porque a mí, porque me tocó esto vivir todo esto, el Doctor me contestaba -"no preguntes por qué pregunta para qué" y me dejaba más confundido, pues me arrepentía de haberle contado lo de la botella con licor de mi padre en las fiestas de mi abuelo. El Doctor me dice, -"tú mismo has encontrado la respuesta, ahora lo que te corresponde hacer es "trabajar" esa circunstancia sacando ese odio, coraje, resentimiento y miedo hacia tu padre, para después poder perdonarlo y sacar ese sentimiento que te atormenta hasta ahora y que en cada momento que recuerdas los malos tratos de Él te amarga tu existencia al grado de despreciarte y dañar cada una de tus cinco dimensiones"

"A cada rato que recuerdas cómo te trató tu padre has generado tanta energía que llegaste a lastimarte a romper relaciones que valen la pena a negarte hacer trabajos que te asociaban con un pasado que no te gustaba, perder oportunidades de conocer nuevas personas simplemente porque se parecían a esa persona, porque eran de otra religión y tu idea de Dios será diferente porque decidiste morir antes de someterte a una cirugía con un trasplante de órgano de otra persona. Porqué tu religión no te lo permite, cuál es tu idea en todas esas cinco dimensiones" yo sabía que tenía mucha energía negativa acumulada y me dice -"necesitas una catarsis, una expulsión de esa energía negativa" "ahora te voy a enseñar, toma este pedazo de manguera y golpea el colchón como si fuera tu Padre y dale hasta que te canses y dile todas las cosas que quisiste decirle hasta la última palabra, tienes que sacar esa energía, grítale, vocifera, échale en cara todo lo que te hizo, hasta que te canses, hasta que tu cuerpo te diga BASTA, esa es una catarsis esa es un desahogo regresando esa mala vibración en este caso estás golpeando a una idea o un concepto, a una percepción no a una persona.

Así que tome esa manguera y descargue toda mi furia" hasta que entre llanto apareció la imagen de mi padre convertido en un niño de cuatro años de edad lastimado, herido, triste, sollozando con moretones en su piel porque mi abuelo los golpeaba como animales, preguntándole a mi padre una vez después del curso que ¿cómo había sido tratado en su infancia?, no me contestó, un nudo en la garganta se le hizo y comenzó a llorar abiertamente mientras me comentaba que mi abuelo o sea su padre lo golpeaba hasta desmayarlo -"lo que yo te hago a ti no es nada contestó mí padre -en comparación a lo que me hicieron a mí, los castigos eran fuertes a veces me dejaban sin comer todo el día y encerrado en uno de los "trojes" o cuarto donde se almacenaban el maíz, como fui el mayor de mis ocho hermanos a mi me hacían responsable de sus travesuras y si alguno de ellos hacia alguna travesura, a mi era el que me castigaban" contestó limpiándose sus lágrimas.

Ahí pude ver que el daño que tenía mi padre era 10 veces más grande que el que yo traía, por consiguiente, pasó por mí un sentimiento que nunca había experimentado, la compasión.

En esa dinámica, me convenía PERDONAR a todos los involucrados incluyendo a mí mismo y pude experimentar una paz interior que nunca había sentido. Dios estaba obrando en mí con su amor infinito, en ese momento sentí un rompimiento, y un profundo amor hacia perdonar todo y a todos nació dentro de mi, me libere y sentí mi cuerpo flotar. Salieron de mis labios las palabras ¡TE PERDONO PAPA! De ahí nació el ME PERDONO y MAMA TE PERDONO.

Una de las emociones que tenemos que hacer consientes y eliminar desde la raíz es el egoísmo, muchas veces si el egoísmo reina en el hogar donde nos desarrollamos se convierte en una emoción aprendida, por lo tanto una vez que se hace consciente, se identifica, y se elimina dicha emoción.

Hoy comenzaremos a eliminar el egoísmo, todos tenemos que comenzar con eso, el egoísmo es parte de la basura que llevamos dentro y que no deja que nuestra vida funcione.

Esa basura que llevamos dentro no nos deja sacar lo mejor de nosotros. Es necesario sacar esa luz propia que todos traemos consigo. Muchas veces preferimos irnos de este plano terrenal y ser enterrados con las manos vacías por el egoísmo que nos maneja.

Hoy es el momento de reciclar esa basura y dejar de lamentarte por todo lo que te paso en la vida, reciclar es hacernos responsables del 100% de nuestras experiencias y saber que gracias a esas experiencias somos lo que somos ahora. Personalmente decidí reciclar mi basura para ser lo que ahora soy, para tener lo que ahora tengo y para hacer lo que ahora hago. Yo jamás hubiera podido ayudar a alguien sin antes poder ayudarme a mí mismo. Jamás hubiera comprendido como se sienten los demás si yo no hubiera pasado mi invalidez mental y parálisis física. Jamás hubiera podido ayudar a alguien si no hubiera experimentado la depresión severa, intentos de suicidio y abusos de todo tipo.
Para muchos que están viviendo ese caos en alguno de los aspectos de la vida, hoy vengo a decirles que la Sanación total es posible, si tienes el valor de reciclar la basura que hay en tu vida.

Todos estos "hubieras" tienen poder cuando los ubicas en algo que paso y crearon una experiencia en tu vida, pero la mayoría de las personas se concentran en los "hubieras" que nunca se convirtieron en experiencias, ya sean buenas o malas y esos "hubieras" que nunca pasaron te atan y crean conflictos; "hubieras" tales como: "si yo hubiera estudiado", "si yo me hubiera casado con aquella persona" etc. El "hubiera" que nunca paso es tiempo absurdo y no existe y solo sirve para crear más conflicto en tu vida presente y encontrar una razón para lastimarte.

Estudios realizados en distintos países, se ha descubierto lo egoísta que por naturaleza somos los seres humanos, el estudio consistía en regalar un billete de $100 dólares entre dos personas; La persona 1 era la que decidía como se reparte el billete, si la persona 2 no estaba de acuerdo, a nadie le tocaba algo, el billete pasaba a otras personas para una nueva negociación. En la mayoría de los casos se llego al acuerdo de 50 y 50 pero cuando la persona 1 decía 60 para mí y 40 para el 2, la gente prefería no llevarse 40 dólares a su casa porque consideraban que era injusto, preferían irse con las manos vacías.
No te vayas con las manos vacías, esta vez no. La mayoría de nosotros seguimos con un egoísmo ciego hacia la persona que mas deberíamos querer: NOSOTROS MISMOS, este es el mejor regalo que podemos darnos. Cuando odiamos a una persona, nuestro cuerpo es

propenso a accidentes y enfermarse, somos una bomba de tiempo y lo que es peor, muchas veces la persona que mas odiamos es alguien que ni siquiera lo sabe.

¿Quienes en alguna ocasión atraviesan por una enfermedad y solo se preocupan por tratar los síntomas y el paciente se dizque "cura", es solo cuestión de tiempo para que el paciente recaiga en su misma enfermedad o desarrolle otra peor. Nosotros no debemos tratar los síntomas, nosotros debemos llegar al fondo de nuestro problema y sanarlo desde la raíz donde el problema comenzó, esto hará que eliminemos la enfermedad de nuestro cuerpo, descansar y soltar esas mochilas que llevamos cargando por la vida, quiero compartir contigo esta reflexión.

Las mochilas de nuestras vidas
Reflexión

A lo largo de nuestras vidas vamos acumulando muchas cosas, penas, alegrías, tristezas, nostalgias y amores que un día fueron todo en nuestra vida, y hoy por las razones que sean han quedado en sólo eso: recuerdos.

Esas mochilas con las que vamos cargando todos los días hacen que todo pese más de lo debido, por lo que convendría descargarnos de muchas de esas frustraciones y desamores para que caminemos por la vida sin tanto peso.

¿Por qué nos cuesta tanto desligarnos de esos sentimientos que nos hacen daño? ¿Por qué no tiramos todas esas cosas que no nos sirven por mucho que las recordemos?

Debemos soltar, aprender a no cargar con tantas tristezas sobre los hombros, al final te queda el cuerpo cansado, tu vida aniquilada, sin fuerzas. A veces vamos por la vida mirando hacia atrás, pensando en lo que pudimos hacer y no se hizo, en sueños abandonados, ilusiones, trabajos y amores que quedaron atrás.

Pero por mucho que duela, esas cosas que quedaron atrás están en su lugar correcto, el pasado. Hay que dejar esas cosas atrás, en el pasado, dejarlos ahí. No es saludable vivir con tantos recuerdos, con tantas amarguras. Si alguna vez amaste y te amaron pero la relación sólo quedó en un hermoso o triste recuerdo, debes seguir, volver a reinventarte de nuevo, volver a tener sueños y esperanzas.

La vida siempre nos traerá muchas cosas con las que iremos llenando la mochila a lo largo de nuestras vidas. Pero esa mochila es tuya, es tu vida, y de ti depende cuanto pese la mochila con la que cargas.
Tú eres quien decide qué se mete en su interior, qué permanece dentro, y qué cosas, recuerdos y sentimientos ya no tienen lugar en tu mochila.

No es bueno ir llorando la tristeza de sueños rotos, de metas que no se lograron; al contrario trata de sacar y dejar que el viento se lleve esos dolores que nos hace pedazos el corazón. Algunas pertenencias son muy pesadas y no debieras seguir manteniéndolas en la mochila de tu vida.

Tal vez un día te diste cuenta de que todo cuanto tenías no era verdad, que el amor que soñaste no era tal, o has tenido sueños que se han visto truncados por situaciones que no has podido solucionar.

No sufras por quien no supo amarte, no des más de ti de lo que ya diste. Si acabaste sintiendo un vacío, no importa, siempre habrá posibilidades de volver a empezar una mejor vida.

Deja en la oscuridad todo aquello que no te deja ver el sol, respira y suelta esos malos recuerdos, libera tu alma, deja que tú corazón vuelva a estar contento, dale una oportunidad a la vida de volver a conocer el amor, de volver a ver el mundo con buenos ojos.

No importa por lo que has pasado, siempre hay razones para volver a sonreír, siempre habrá un mañana para volver a recomenzar Libérate de esa mochila que te pesa tanto y no te deja caminar. Puedes ser feliz, lo vas a lograr, ten buena actitud y un día te verás caminando como una persona ligera y abierta a las ventanas de una nueva vida.
Un amor no te puede disminuir, te debe fortalecer, recuerda que cada vez que no te aman no eres Tú quien pierde, al contrario, ellos pierden y Tú ganas.

-Shoshan

"Perdona a tus padres, ellos también tuvieron una infancia difícil, de la cual no sanaron, ahora que estas consiente rompe el ciclo".

El ciclo de la libertad
El procedimiento para dejar ir resentimientos

Ciclo de la libertad de 4 pasos

1- VER LA CAUSA (de donde provienen tus juicios: Cuando fue, donde fue, quienes participaron) ¿tus juicios están basados en algo que viste, que te hicieron, que te lo contaron, que creíste, recuerdas personas y lugares?

2- ENTENDERLA: (Que a pesar del daño que te hicieron, todo fue perfecto en su tiempo, lugar y circunstancia. Al hablar de perfecto en su tiempo lugar y circunstancia es entender que cada prueba que tenemos en la vida es una oportunidad de crecer, lo que no te mata te hace más fuerte, si Yo no hubiera experimentado y superado el dolor físico o emocional seguramente tu no estuvieras leyendo este libro. Sin embargo, todo lo que he aprendido de la vida hasta ahora lo considero una escuela y me apoyo en mi testimonio personal para darle aliento a otros. SI YO PUDE toma las bases y Tú también puedes.

3- PERDONAR: La experiencia del perdón en este programa, es el que nos libera de toda la amargura que había en nuestro ser y nos hace realmente seres humanos, libres para amar, para sentir, para progresar. Es increíble ver que la falta de perdón comienza con uno mismo, al privarnos de amor, riqueza, abundancia, salud, felicidad y una lista interminable de cosas buenas solo por no comprender que el perdonar es la llave que abre una vida de abundancia en todas las dimensiones.

Dale Carnegie dice "Yo conozco gente del montón que SIEMPRE serán del montón, porque NUNCA terminan lo que empiezan". Por eso te digo: Deja de ser del montón y transfórmate en una persona normal, y normal es ser una persona feliz, sana, y tener una excelente actitud entre pensamiento y acción, el perdón es solo para los valientes, los que luchan por sí mismos y quieren ser dueños de su destino, deja de ser el producto de otros y de las circunstancias.

4- CREAR HÁBITOS: Al momento de perdonar de corazón, se crea un vacío, es entonces cuando hay que llenar ese vacío con actitudes positivas, de nuevos hábitos ayudar a los demás, de tener fe y fomentar la bondad, crear el habito de alejarse de personas que te hacen daño, no permitirlo.

Cuando hablo de crear hábitos me refiero al proceso de pensamiento, si cambiamos la actitud de victima y en lugar de preguntar ¿Por qué a mi? Pregúntate ¿Para que a mi?

Todos estamos deseosos de mejorar nuestras vidas pero muy pocos están deseosos de mejorarse a si mismos, por eso la gente se ata. El autoconocimiento es el primer paso para mejorarse a si mismo, y gracias a este método logramos conocernos más, y saber donde tenemos que hacer ajustes llevando nuestra vida a una buena dirección. Crea el habito de pensar positivamente, alimenta tu mente con semillas de sabiduría, lee buenos libros, busca amistades que no te critiquen y únete con quien te apoya, comienza esa carrera que siempre quisiste ejercer, tenemos un factor en contra de nosotros que se llama TIEMPO, así que APROVÉCHALO de la mejor manera.

Cuando hablo de crear el habito de tener una actitud positiva es que enfrentes la vida con animo, no como una amenaza. En tus pensamientos positivos se inicia todo proceso. Generamos más de 60,000 pensamientos diarios y lo más interesante es que nosotros somos dueños de ellos, si solo escogemos que sean positivos nuestro mundo externo se transforma. Nunca pienses en un problema antes de que se presenten y reacciones con emociones descontroladas, porque atraerás ese problema y si no existe, lo creas.

No tomes como algo personal el que alguien no sea feliz, cada uno es responsable de su propia felicidad, cuando nosotros estemos llenos de felicidad entonces podremos dar felicidad a otros, cambia tus pensamientos y te sorprenderás de lo rápido que se materializan en tu vida, casi siempre es así, solo que muy pocas veces lo hacemos consciente.

Si te la pasas quejándote, pensando que te ira mal, que la gente abuza de ti, etc. entonces quiere decir que tienes un patrón mental el cual al hacerlo consciente se erradica desde la raíz. El ser humano es literalmente lo que piensa, nunca podremos esconder nuestros pensamientos, rápidamente se cristalizan y se transforman en hábitos, y los hábitos se transforman en circunstancias.

Hoy dejaras de luchar contra las circunstancias para poner atención a tus pensamientos y veraz como tu vida se transforma. Piensa en la solución a todas las circunstancias que no te gustan en este momento, con eso tienes suficiente tarea.

Una emoción como odio, ira, resentimiento, miedo, felicidad, pasión, amor etc. Recuérdalo genera en tu cuerpo una descarga de fluidos o químicos llamados neuropéptidos de acuerdo si son negativos o positivos en una centésima de segundo inundan tu torrente sanguíneo, tu cuerpo no define si te convienen o no, simplemente reacciona por medio de nuestro sistema glandular o neuroendocrino y neuromuscular, ¿te haz dado cuenta que cada vez que te enojas tu fuerza física y valor se multiplican?

Existen diferentes maneras de participar en la dinámica del perdón. Si alguien te ofendió y esa acción te llevó a vivir el infierno del juicio, te conviene perdonar porque al fin de cuentas no le estás haciendo un favor a la otra persona sino a ti mismo. Tu cuerpo, órganos y sistemas se verán beneficiados al estar libres de TOXINAS y por lo tanto será una persona más sana y brillante, pero nuestro EGO, es el personaje más testarudo que he conocido, ahí es donde veo con mucha tristeza gente que prefiere irse a la tumba con las manos vacías en lugar de disfrutar del banquete de la vida. Si Dios nos ha perdonado, ¿Por qué nosotros no QUEREMOS perdonar? Antes de pasar a los ejercicios de perdón en los audio libros quiero compartir contigo esta reflexión.

El Árbol de los pañuelos blancos
Reflexión del perdón

Un joven que se fue de la casa en rebeldía, pasados los años que vino la ruina y vino la desgracia para él, envió una carta a su padre:
"Padre, he pecado contra el cielo y contra ti, y sé que no soy digno de ser llamado tu hijo, pero te escribo esta carta para pedirte que me perdones y que me recibas en casa".

"Yo voy a pasar el próximo domingo en el tren que pasa frente a la casa, y padre… ¿recuerdas el manzano que hay en el jardín? Si tú me recibes y me perdonas, amarra un pañuelito blanco a una de sus ramas y cuando yo pase por el tren a punto de llegar a la estación si yo veo ese pañuelo entiendo que soy bienvenido a tu casa, pero si tú no me recibes, yo te entiendo. Entonces no habrá pañuelo y seguiré a otra estación".

Y el joven iba en el tren, y como el viaje era largo, contó a su compañero de al lado su historia, su triste historia.

Y llegando a la estación el tren comienza a disminuir la velocidad, y este joven dice: "estamos por llegar. Estamos por llegar, tengo miedo" Y el compañero de al lado le dijo: "no temas, tranquilízate, espera lo mejor, cree lo mejor" Y el joven dijo: "no sé, no pudiera soportar que mi Padre no me recibiera, y ¿si no hay un pañuelo en ese manzano? Yo necesito que El me perdone.

Y estaba viajando en el tren y ya para llegar le dice: "No, no puedo mirar a esa casa, no puedo soportar que no haya un pañuelo, ¿me harías un favor? Miras tu, mira por la ventana, es una casa amarilla, la única casa amarilla de ese bloque, de esa cuadra, ya llegando a la estación tu vas a ver esa casa amarilla, por favor mira el manzano, si hay un pañuelo, quiero saber si soy bienvenido a casa".

El tren se va acercando y el muchacho no aguanta más y cierra sus ojos y le dice: "mira bien, ¿ves la casa?" Y el compañero dice: "Si, si, aquí ya viene, ahí se está acercando.

- "¿y estás viendo? Mira, ¿Hay un manzano al enfrente? Si lo ves? "
el hombre se quedó en silencio.
el joven dijo: "Por favor, mira si hay un pañuelo, busca entre las ramas, quizá esta en la rama más baja, o quizá mi Padre lo puso en la última rama, mira bien!!!" Y el hombre estaba callado.
- Pregunto: "¿Porqué te callas?"
- El hombre contesto: "No, no hay un pañuelo en ese manzano, amigo mío, el manzano está cuajado de cientos de pañuelos blancos. Tú eres bienvenido a la casa de tu Padre.

Hasta aquí llega el libro escrito, y el cual yo le llamo el 5% del proceso de auto valor, ya que los resultados mas grandes que he tenido has sido con los ejercicios del audio libro así que pasemos a escuchar los siguientes procesos.

1- Proceso de perdón circulo secundario, aquí perdonaremos a personas que de alguna manera te lastimaron en el pasado.

2- Proceso de perdón circulo primario, aquí sanaremos el vinculo Mama y Papa y haremos el ejercicio de perdón y liberación.

La iniciación

¿Como he captado la vida, que he pensaba de lo que me ha pasado, y por lo tanto cómo actuó?

He captado la vida como una amenaza, siento que todos me han atacado y lucho y huyó continuamente, peleo con todo y contra todos, huyo de muchos temores y cocos falsos, culpado a todos de mis fracasos.

He jugado a ponerle la cola al burro, y al caer de mis ojos las siete vengas de mis decisiones y las otras cuatro de mis necesidades puedo ver claramente al burro y colocarme la cola de responsabilidad propia que siempre eludía.

Creí que todos tenían que complacerme, que todos debían ser como yo pensaba, que se tiene que hacer la mía, o mendigaba aceptación, atención y aprobación, complacía a los demás, cambiando al gusto de cualquiera y sintiéndome inferior por la desaprobación de mi prójimo, pero sobretodo e usurpado el trono de mi Dios juzgando y etiquetando con los sellos de malo, feo, peligroso o imposible a toda gente y a toda cosa, pero en especial me he estado juzgando a mí mismo como si fuera una porquería.

Cambiando al gusto de cualquiera y sintiéndome inferior por la desaprobación de mi prójimo, pero sobretodo que usurpado el trono de mi Dios juzgando y etiquetando con los sellos de malo feo peligroso o imposible a toda gente y a toda cosa, pero en especial me he estado juzgando a mí mismo como si fuera una porquería.

¿Que me sucedió en realidad, quien y que soy Yo, dónde estoy y con qué fin?

Me sucedió algo maravilloso, reconozco en el entendimiento y en el corazón que soy hijo de Dios, a su imagen y semejanza. Entonces no soy inferior, ni el número dos o tres o 1000, porque a pesar del inferior que me sienta, sigo de Dios en su poder y el solo hace cosas perfectas y perfectibles. En esta mi premisas verdaderas yo soy el número uno porque nadie puede ocupar mi espacio y mi tiempo, y nadie puede hacer lo que yo hago ahora. Estoy en este maravilloso juego de la vida que no es un valle de lágrimas y hacer de una experiencia consiguiente, ya que entiendo con claridad que la razón por la que nací es para vivir y experimentar la vida con amor y entendimiento.

¿Que voy hacer ahora? Voy a compartir con amor este conocimiento en este planeta donde vivo y mis prójimos. Voy a gozar de esta fiesta de la vida, siendo consciente de esto, voy a disfrutar este regalo y compartirlo, voy a trabajar por y para mí mismo, para mis hermanos, sintiéndome como creador e instrumento de Dios, de su amor y acción.

Sobre todo puedo reconocer que lo anterior no es una obligación impuesta desde afuera por nadie, si no está en mi naturaleza del ser humano e hijo de Dios. Consecuentemente considero un hermoso privilegio ayudar a mis prójimos en todas las dimensiones, porque al final de cuentas cuando doy y comparto por ley soy quien más se beneficia.

Este libro se termino de escribir en un proceso de 25 años, la mayoría de los conceptos fueron aprendidos por parte del Doctor Salvador Sánchez Rojas, que hasta la fecha sigue impartiendo sus entrenamientos sobre este tema en diversas partes del mundo.

La mayoría de los proceso están basados en ese evento de 3 días que cambio mi vida con estos conceptos, hoy 25 años después y de haber viajado por diversos países del mundo brindando este entrenamiento vivencial me doy cuenta hoy mas que nunca, que no puedes tener un éxito absoluto en todas las áreas de tu vida sin antes no sanas tu interior, es importante iniciar el proceso del auto conocimiento, saber quien eres y comenzar a sentir un verdadero amor genuino por tu persona, el auto valor viene del conocimiento de uno mismo.

"Este es al mañana que tanto temías ayer"

"Necesitamos perdonar, no porque ellos merezcan nuestro perdón, sino porque nosotros merecemos paz".

Recuerda:

"Amarse a uno mismo es el inicio de un romance
que dura toda la vida"

-Oscar Wilde

Biografía del autor

Hector Herrera es un hombre que se levantó de una parálisis de la cintura hacia abajo que duró cinco años de su vida y se salvó de tres intentos de suicidio.

Y ahora con más de 25 años de experiencia impartiendo conferencias y entrenamientos a ejecutivos de alto desempeño y público en general de diversos países del mundo nos presenta su mas reciente obra Sanación, proceso de autoconocimiento.

Autor y narrador de más de 50 audio libros sobre superación personal entre ellos Ser, hacer y tener, Los cuatro pilares del amor, Reflexiones, por mencionar algunas de sus obras y ahora, Sanación, libro y audio libro, proceso de auto valor que por más de 25 años ha llevado a diversos países en entrenamientos en vivo, conceptos que le han cambiado la vida a miles de personas.

Hector Herrera al aire, su programa de radio internacional ha trascendido fronteras por más de siete años se escucha en más de 620 estaciones de radio en 26 países por la cadena CNN en español radio y por Sirius XM radio satelital.

Hector Herrera es invitado en diversas ocasiones a programas de radio y televisión donde comparte sus estrategias de vida.

Su filosofía consiste en proveer en nuestras vidas una energía espiritual más poderosa que los mismos problemas a los que nos enfrentamos cada día.

Por medio del conocimiento personal y procesos de autoayuda, con sus estrategias y obras para el mejoramiento humano seguro vivirás una de las experiencias más gratificantes de tu existencia.

www.HECTORHERRERA.com

"Nadie puede hacerte sentir inferior sin tu consentimiento"

-Eleanor Roosevelt

Made in the
USA
Monee, IL